新时代跨境电子商务创新与实践系列教材

跨境电子商务运营实战
（全球搜版）

主　编　贾如春　向琼英　李晓林
副主编　雷　瑞　刘盼盼　廖品磊　李　岚

清华大学出版社
北京

内 容 简 介

本书详细地介绍了全球搜独立站的相关知识和运营技巧，内容紧密围绕全球搜独立站卖家的运营工作，系统地讲解了全球搜独立站的账户注册、后台设置、独立站完善、必备工具、选品、引流、采购和发货、订单处理、独立站优化等内容，并用大量示例图片详细地解读了运营过程中的各种实操流程。

本书旨在帮助新卖家快速学习全球搜独立站的知识，并熟练掌握独立站的运营技巧，针对性强、方法实用，具有易学、易懂、易落地执行的特点，是全球搜独立站卖家不可或缺的运营指导书，可帮助外贸公司网站建站、谷歌SEO、谷歌SEM竞价广告、海外社媒推广，获得更多精准询盘。

本书可作为国际贸易、电子商务专业学生的教材，也可作为传统外贸企业人员、个人创业者以及想转型做跨境电子商务的读者的参考书。

本书封面贴有清华大学出版社防伪标签，无标签者不得销售。
版权所有，侵权必究。举报：010-62782989，beiqinquan@tup.tsinghua.edu.cn。

图书在版编目(CIP)数据

跨境电子商务运营实战：全球搜版/贾如春，向琼英，李晓林主编．—北京：清华大学出版社，2022.12
　新时代跨境电子商务创新与实践系列教材
　ISBN 978-7-302-62261-1

Ⅰ.①跨… Ⅱ.①贾… ②向… ③李… Ⅲ.①电子商务－运营管理－教材 Ⅳ.①F713.365.1

中国版本图书馆CIP数据核字(2022)第234417号

责任编辑：郭　赛
封面设计：杨玉兰
责任校对：徐俊伟
责任印制：沈　露

出版发行：清华大学出版社
　　网　　址：http://www.tup.com.cn，http://www.wqbook.com
　　地　　址：北京清华大学学研大厦A座　　邮　编：100084
　　社 总 机：010-83470000　　邮　购：010-62786544
　　投稿与读者服务：010-62776969，c-service@tup.tsinghua.edu.cn
　　质量反馈：010-62772015，zhiliang@tup.tsinghua.edu.cn
　　课件下载：http://www.tup.com.cn，010-83470236
印 装 者：三河市龙大印装有限公司
经　　销：全国新华书店
开　　本：185mm×260mm　　印　张：16.5　　字　数：382千字
版　　次：2022年12月第1版　　印　次：2022年12月第1次印刷
定　　价：59.50元

产品编号：095136-01

新时代跨境电子商务创新与实践系列教材

编写委员会

主　任：贾如春

委　员：（按姓氏笔画排序）

王　冲	王　吉	王敏珊	王贵超	韦施羽	邓　茜	邓海涛	申　帅
付咸瑜	向晓岚	向琼英	庄爱玲	刘　轩	刘　潼	刘治国	刘盼盼
江　兵	孙志伟	杜雪平	李　岚	李成刚	李佴君	李晓林	李惠芬
杨　勤	吴岚萍	肖淑芬	肖　璟	潘金聪	何　婧	何智娟	宋　璐
张正杰	陈　方	陈佳莹	陈春梅	陈帅嘉	易　鑫	易建安	罗倩文
周　露	郑苏娟	郑应松	封永梅	柯　繁	钟　欣	钟雪美	段桂敏
祖　旭	胥蓓蕾	莫恬静	党　利	徐娟娟	高　伟	高　雪	郭　燕
诸葛榕荷	黄莹莹	黄善明	董俊麟	雷　瑞	廖　婕	廖品磊	
薛坤庆	贾泽旭						

专家委员会

主　任：帅青红

委　员：（按姓氏笔画排序）

王　杨	王诗博	包攀峰	刘　忠	刘丁铭	刘立俪	刘永举	李　晖
李　成	李源彬	杨小平	吴庆波	陈梓宇	姚　松	徐　炜	徐　震
曾德贵	蒲竞超	管永林	谭中林	马啸天	朗宏芳	秦秀华	

丛 书 序

在新冠肺炎疫情全球蔓延的背景下,随着跨境电商运营的日趋精细化,跨境电商已成为最重要的全球化商品交易渠道。我国高效的疫情防控政策及快速的经济回暖能力,为中国跨境卖家的成功出海奠定了良好基础。受疫情影响,"宅经济"成为主流,国外消费者大规模转移至线上消费,从而刺激了跨境电商行业的快速发展。

目前,跨境市场仍持续保持着增长趋势,已成为"稳外贸"的重要力量,是外贸转型升级的新动能、创新发展的新渠道以及"一带一路"建设的新桥梁。跨境电商产品将趋向于精品化、品牌化,跨境电子商务将创造新型贸易方式和新型业态,具有广阔的市场空间和良好的发展前景。

大数据、云计算、人工智能、区块链等数字技术的不断发展为跨境电商的物流、支付、SaaS服务、数字营销等带来了新一代的服务产业升级,成为跨境电商模式创新、行业迭代创新的重要驱动力,使行业支撑体系朝着多样化、数字化、智能化的方向发展,加速推动着供应链重塑,并助力全流程优化提升,极大地提高了行业的运营效率——传统企业将本土化的成熟品牌输出海外,借助当地的大型第三方平台销售产品;新兴互联网企业优先考虑品牌价值,根据品牌的定位、文化、目标市场,多以独立站或第三方平台的模式进行扩张。跨境电商企业主要通过树立品牌形象、灌输品牌文化及理念提高其在目标市场的竞争力,同时要提高产品更新迭代的速度,搭配供应链优势,并结合国内发达的电商营销模式;而跨境电商卖家则基于社交平台规则,正在逐步将直播带货等中国营销模式带到海外,进一步推动了移动社交的流量变革。

在经济全球化的背景下,跨境电子商务人才培养工作对我国的经济发展起着至关重要的作用,但事实上,作为跨境电子商务人才的供需双方,高校与企业在供需中却出现了一定的失衡,且由于人才培养和培训体系相对滞后,大批相关产业的专业人才严重短缺,这将严重制约我国跨境电子商务行业的发展。

为使跨境电子商务行业的发展能够更健康、更科学,校企合作中的"产、学、研、用、创"越来越凸显重要,通过校企合作"研"制出的学习载体或媒介(教材),更能使学生真正学有所获、学以致用,最终直接对接产业。以"产、学、研、用、创"为一体的思想和模式进行跨境电子商务教材的建设,以"理实结合、技术指导书本、理论指导产品"的方式打造跨境电子商务教育丛书,可以更好地为校企合作下的跨境电子商务人才培养模式的改革与实践做出贡献。

本套丛书由具有丰富教学和科研经验的教师及相关行业的一线工程师编写,丛书包括《跨境电子商务运营基础》《跨境电子商务海外营销实践》《跨境电子商务营销与服务》《跨境电子商务专业英语》《智慧国际物流与运输》《进出口通关实务》《跨境电子商务支付与结算》《跨境电子商务运营实战(全球搜版)》《跨境电子商务运营实战(盈店通版)》《跨境电商海外营销(初级)》《跨境电商海外营销(中级)》《跨境电商海外营销(高级)》(最后3本为1+X职业技能等级认证辅导教材)等教材。

作为一套从高等教育和跨境电子商务行业的实际情况出发而编写的校企合作丛书,本套丛书可作为高等学校经济管理类专业的教材,也可供相关专业的学生及从业人员阅读。

贾如春

编写委员会主任

前言

新冠肺炎疫情发生后,社交隔离、实体零售渠道受阻,使全球消费者更深刻感受到网络购物的便利,线上购物习惯在后疫情时代或将永久保留,中国跨境电子商务进入历史性拐点,从产品出海时代迈向品牌出海时代。与此同时,伴随着跨境电子商务突飞猛进的发展,贸易规则、平台规则、全球消费市场治理和全球知识产权治理等多重挑战也接踵而至。在独立站崛起和亚马逊封店事件的双重刺激下,跨境电子商务企业开始重新思考自身的发展模式,在规模增长和品牌价值之间做出新的权衡。

近年来,在我国跨境电子商务规模快速增加的背景下,中国外贸企业出海也从过去依托第三方平台,逐步开发出独立网站、社交网站、搜索引擎营销等多种新渠道。其中,独立站已经成为跨境电子商务行业新的趋势产品。

对于中国外贸企业,尤其是中小型企业来说,跨境电子商务的市场竞争越来越激烈,这要求企业在运营公域流量的同时,建设自己的私域阵地。独立站作为生态闭环的重要环节,从广阔公域到品牌私域的引流一直是卖家长期追求的经营目标,将平台流量引向独立站,圈住属于自己的买家,这样可以让商机转化更为直接。

本书以图文并茂和丰富的示例代码讲解的形式系统性地揭示了独立站的账户注册、后台设置、独立站完善、必备工具、选品、引流、采购和发货、订单处理、独立站优化等知识体系,为读者提供了一个快速由浅入深掌握跨境电子商务运营的参考书籍。

本书特点如下:

(1)图文并茂、循序渐进。

本书内容翔实,语言流畅,图文并茂,突出实用性,并提供了大量的操作示例,较好地将学习与应用结合在一起。本书内容由浅及深,循序渐进,适合各个层次读者学习。

(2)实例典型、轻松易学。

本书所引用的实例均与生活密切相关,比如店铺管理、商品管理、客户信息管理等。读者在学习的时候不会觉得陌生,更容易接受,从而提高学习效率。

(3)理论+实践、提高兴趣。

书中大部分章节都提供了实践操作,让读者能够通过练习重新回顾所学的知识,从而达到熟悉内容并可以举一反三的目的,同时也为进一步学习做好准备。

(4)本书采用案例引导的写作方式,从工作流程出发,以现代办公应用为主线,通过"提出问题""分析问题""解决问题""总结提高"4部分内容展开,突破了传统点的从层次递进为理论体系的模式,将工作流程系统化,以工作过程为基础、按照工作工程来组织和讲解知识，培养学生的技能和素养。

（5）本书体例教学内容从易到难、由简单到复杂，内容循序渐进。读者通过项目学习，能够完成相关知识的学习和技能的训练。本书内容基于企业工作过程，具有典型性和实用性。

（6）紧跟行业技能发展。计算机技术发展很快，本书着重当前主流计划和新技术讲解，与行业联系密切，使所有内容紧跟行业技术的发展。

本书符合高校学生认知规律，有助于实现有效教学，提高教学的效率、效益、效果。本书打破了传统的学科体系结构，将各知识点与操作技能恰当地融入各个项目/任务中，突出了现代职业产教融合的特征。

本书由贾如春负责整套系列丛书的设计与规划，由从事多年从事跨境电子商务研究经验丰富的行业专家与任课老师向琼英、李晓林、李惠芬、雷瑞、刘盼盼、廖品磊、李岚、祖旭等老师共同编写而成，由四川创贸科技有限公司提供案例及相关素材。本书所有知识点都结合具体实例和程序讲解，便于读者理解和掌握。

本书适合作为高等院校国际贸易、电子商务及相关专业的教材，也适合作为相关领域人士的自学用书。

编　者

2022 年 10 月

目 录

第1章 跨境电子商务概论 ··· 1
- 1.1 跨境电子商务的概念与流程 ································· 1
  - 1.1.1 概念 ··· 1
  - 1.1.2 流程 ··· 2
  - 1.1.3 类型与行邮方式 ······································· 2
- 1.2 跨境电子商务的商业模式 ····································· 3
- 1.3 中国跨境电子商务的发展历程 ································· 4
- 1.4 跨境电子商务的发展方向 ····································· 4

第2章 跨境电子商务营销 ··· 7
- 2.1 跨境电子商务市场调研 ······································· 7
  - 2.1.1 国内跨境电子商务市场调研 ····························· 7
  - 2.1.2 国外跨境电子商务市场调研 ···························· 13
- 2.2 跨境电子商务营销策略 ······································ 16
  - 2.2.1 搜索引擎优化 ·· 16
  - 2.2.2 内容营销 ·· 17
  - 2.2.3 电子邮件营销 ·· 20
  - 2.2.4 社媒广告 ·· 20
  - 2.2.5 Google 广告 ··· 21
  - 2.2.6 联盟营销 ·· 23
  - 2.2.7 跨境电子商务的新型营销组合策略 ······················ 26
- 2.3 跨境电子商务营销方法 ······································ 27
  - 2.3.1 邮件营销和贺卡投放营销 ······························ 27
  - 2.3.2 社交媒体营销 ·· 28
  - 2.3.3 线下促销与线上联动 ·································· 28
  - 2.3.4 线上借势 ·· 28
  - 2.3.5 添加社交媒体分享按钮 ································ 29
  - 2.3.6 建立着陆页 ·· 29

2.3.7 社群营销 ······ 30
  2.3.8 海报/文案等借势营销 ······ 31
  2.3.9 相关话题营销 ······ 32
  2.3.10 广告联盟 ······ 32
  2.3.11 视频营销 ······ 33
  2.3.12 店铺自主营销 ······ 33

第3章 跨境电子商务选品 ······ 35
3.1 跨境电子商务选品原则 ······ 35
  3.1.1 判断目标市场的用户需求和流行趋势 ······ 35
  3.1.2 适应跨境电子商务的物流运输方式 ······ 36
  3.1.3 判断货源优势 ······ 36
3.2 市场调研 ······ 36
  3.2.1 网站数据观察 ······ 36
  3.2.2 常用数据分析平台 ······ 39
  3.2.3 观察流行趋势 ······ 40

第4章 跨境电子商务法律法规 ······ 42
4.1 电子商务相关法律法规 ······ 42
  4.1.1 电子商务法的调整对象 ······ 42
  4.1.2 电子商务参与各方的法律关系 ······ 43
  4.1.3 网络交易中心的法律地位 ······ 43
  4.1.4 网络交易客户与虚拟银行间的法律关系 ······ 44
  4.1.5 认证机构在电子商务中的法律地位 ······ 44
  4.1.6 电子签名法律 ······ 44
  4.1.7 电子合同法律 ······ 44
  4.1.8 域名法律保护 ······ 45
  4.1.9 电子商务相关法律法规 ······ 45
4.2 跨境电子商务监管相关知识 ······ 45
4.3 世界主要国家与地区跨境电子商务法律法规 ······ 46

第5章 跨境电子商务贸易术语 ······ 50
5.1 贸易术语及其含义 ······ 50
5.2 适合任何方式的贸易术语 ······ 52
  5.2.1 EXW ······ 53
  5.2.2 FCA ······ 53
  5.2.3 CPT ······ 54

  5.2.4 CIP ·········· 54
  5.2.5 DAP ·········· 55
  5.2.6 DDP ·········· 55
  5.2.7 DAT ·········· 56
  5.2.8 FSA ·········· 56
  5.2.9 FAS ·········· 56
  5.2.10 CFR 或 C&F ·········· 56
  5.2.11 贸易术语的选择 ·········· 56
 5.3 适合海运及内河运输的贸易术语 ·········· 57
  5.3.1 FAS ·········· 57
  5.3.2 FOB ·········· 57
  5.3.3 CFR ·········· 57
  5.3.4 CIF ·········· 58
 5.4 跨境电子商务商品报价 ·········· 59
  5.4.1 定价总述 ·········· 59
  5.4.2 不同的定价时期 ·········· 61
  5.4.3 常见的定价方法 ·········· 62

第6章 全球搜平台简介 64

 6.1 简介 ·········· 64
  6.1.1 发展历程 ·········· 64
  6.1.2 综合功能 ·········· 65
 6.2 全球搜总部售后服务体系 ·········· 65
 6.3 访问网站 ·········· 66
  6.3.1 简介 ·········· 66
  6.3.2 操作指南 ·········· 66
 6.4 免费礼包 ·········· 69
  6.4.1 简介 ·········· 69
  6.4.2 操作指南 ·········· 69
 6.5 AMP 站 ·········· 70
  6.5.1 简介 ·········· 70
  6.5.2 操作指南 ·········· 71
 6.6 相关教程 ·········· 71
  6.6.1 简介 ·········· 71
  6.6.2 指南 ·········· 72
 6.7 系统设置 ·········· 73
  6.7.1 简介 ·········· 73
  6.7.2 操作指南 ·········· 74

第 7 章　网站 ……… 75

7.1　网站形象 ……… 75
- 7.1.1　简介 ……… 75
- 7.1.2　操作指南 ……… 76
- 7.1.3　建立网站 ……… 90
- 7.1.4　设计网站（售后服务手册） ……… 92

7.2　菜单管理 ……… 97
- 7.2.1　简介 ……… 97
- 7.2.2　操作指南 ……… 97
- 7.2.3　网站的菜单管理 ……… 102

7.3　页面管理 ……… 104
- 7.3.1　简介 ……… 104
- 7.3.2　操作指南 ……… 104
- 7.3.3　优化页面管理 ……… 114

7.4　新闻管理 ……… 114
- 7.4.1　简介 ……… 114
- 7.4.2　操作指南 ……… 115

7.5　新闻分类 ……… 123
- 7.5.1　简介 ……… 123
- 7.5.2　操作指南 ……… 124

第 8 章　产品 ……… 126

8.1　产品发布 ……… 126
- 8.1.1　简介 ……… 126
- 8.1.2　操作指南 ……… 126
- 8.1.3　如何做好产品描述 ……… 133

8.2　产品列表 ……… 134
- 8.2.1　简介 ……… 134
- 8.2.2　操作指南 ……… 135

8.3　产品分类 ……… 156
- 8.3.1　简介 ……… 156
- 8.3.2　操作指南 ……… 156

8.4　产品关键词 ……… 159
- 8.4.1　简介 ……… 159
- 8.4.2　操作指南 ……… 160
- 8.4.3　分析关键字热度的工具及技巧 ……… 162

- 8.5 产品通用属性 ······ 166
  - 8.5.1 简介 ······ 166
  - 8.5.2 操作指南 ······ 167
- 8.6 产品通用描述 ······ 171
  - 8.6.1 简介 ······ 171
  - 8.6.2 操作指南 ······ 172
- 8.7 产品列表数量 ······ 175
  - 8.7.1 简介 ······ 175
  - 8.7.2 操作指南 ······ 176

第 9 章　数据 ······ 177

- 9.1 询盘统计 ······ 177
- 9.2 访问明细 ······ 178
- 9.3 流量趋势 ······ 178
- 9.4 访客来源 ······ 179
  - 9.4.1 简介 ······ 179
  - 9.4.2 操作指南 ······ 180
- 9.5 地域分布 ······ 181
  - 9.5.1 简介 ······ 181
  - 9.5.2 操作指南 ······ 182
- 9.6 受访页面 ······ 182
  - 9.6.1 简介 ······ 182
  - 9.6.2 操作指南 ······ 182
- 9.7 访问终端 ······ 183
- 9.8 优化关键词 ······ 183
- 9.9 客户检索词 ······ 184
- 9.10 月度报告 ······ 184

第 10 章　AI ······ 186

- 10.1 AI 产品发布 ······ 186
- 10.2 AI 新闻发布 ······ 187

第 11 章　工具 ······ 190

- 11.1 社交账号绑定 ······ 190
  - 11.1.1 简介 ······ 190
  - 11.1.2 操作指南 ······ 191
- 11.2 关键词挖掘 ······ 191

11.2.1　简介 ··· 191
　　　11.2.2　操作指南 ·· 191
　11.3　产品标题挖掘 ·· 192
　　　11.3.1　简介 ··· 192
　　　11.3.2　操作指南 ·· 193
　11.4　中国出口信用 ·· 193
　　　11.4.1　简介 ··· 193
　　　11.4.2　操作指南 ·· 193
　11.5　谷歌排名查询 ·· 195
　　　11.5.1　简介 ··· 195
　　　11.5.2　操作指南 ·· 195
　11.6　外贸工具集合 ·· 196
　　　11.6.1　简介 ··· 196
　　　11.6.2　操作指南 ·· 196

第 12 章　速达 ·· 204

　12.1　营销首页 ·· 204
　　　12.1.1　简介 ··· 204
　　　12.1.2　操作指南 ·· 205
　　　12.1.3　技巧 ··· 210
　12.2　排名数据 ·· 210
　　　12.2.1　简介 ··· 210
　　　12.2.2　操作指南 ·· 211
　　　12.2.3　技巧 ··· 214
　12.3　访问明细 ·· 215
　　　12.3.1　简介 ··· 215
　　　12.3.2　操作指南 ·· 215
　12.4　精准询盘 ·· 216
　　　12.4.1　简介 ··· 216
　　　12.4.2　操作指南 ·· 216

第 13 章　黑格增长 ·· 218

　13.1　简介 ·· 218
　13.2　互动 ·· 219
　　　13.2.1　行业黑格 ·· 219
　　　13.2.2　Linkedin 数据池 ·· 220
　　　13.2.3　Facebook 数据池 ··· 221

		13.2.4 Twitter 数据池	221
		13.2.5 Instagram 数据池	221
13.3	客户		222
		12.3.1 客户管理	223
		13.3.2 企业管理	223
		13.3.3 领英好友	223
		13.3.4 IN 客户池	224
		13.3.5 FB 客户池	226
		12.3.6 Tw 客户池	226
		13.3.7 Ins 客户池	226
13.4	AlGro		227
		13.4.1 Al 决策人	227
		13.4.2 Al 企业搜索	229
		13.4.3 AI 访客识别	229
		13.4.4 Al 用户画像	229
13.5	数据		231
		13.5.1 海关数据	232
		13.5.2 搜索引擎	234
		13.5.3 领英搜索	234
		13.5.4 脸书主页	234
		13.5.5 Inst 主页	235
		13.5.6 谷歌地图	235
		13.5.7 展会数据	237
		13.5.8 Whatsapp	238
13.6	任务		239
		13.6.1 任务发布	240
		13.6.2 动态获取（LinkedIn）	240
		13.6.3 动态获取（Facebook）	241
		13.6.4 领英群发	242
		13.6.5 脸书群发（即将上线）	243
		13.6.6 邮件群发（即将上线）	243
13.7	其他		243
		13.7.1 账户设置	243
		13.7.2 领英绑定	244
		13.7.3 消息模板	244
		13.7.4 权限设置	245

参考文献 246

第 1 章
跨境电子商务概论

知识导读

图灵奖获得者、中国工程院外籍院士 Raj Reddy 9 月 17 日带来主题发言,他认为,很多人从人工智能中看到的都是悲观的景象,但自己看到的是光明的未来。科技的发展使得互联网的使用愈加频繁,范围愈加广泛,距离的限制不断减小。近年来,电子商务蓬勃发展,人们开始在网上购物,网上消费量不断增长,电子商务发展模式正走在不断壮大的道路上,其中不可忽视的一股力量——跨境电子商务正以指数级的速度增长。

学习目标

- 了解电子商务的内涵和特征
- 掌握电子商务的类型与模式
- 阐述电子商务对其他领域的影响

能力目标

- 掌握电商相关知识、平台规则等
- 掌握外贸知识,跨境电子商务其实是传统外贸演变的线上交易
- 具有分析未来跨境电子商务的眼光与思维

1.1 跨境电子商务的概念与流程

1.1.1 概念

跨境电子商务(Cross-border E-commerce),简称跨境电商,是指分属不同关境的交易主体,通过电子商务平台达成交易,进行支付结算,并通过跨境物流送达商品,完成交易的一种国际商业活动。跨境电子商务是一种新型的贸易方式,它依靠互联网和国际物流直接对接终端,满足客户需求,具有门槛低、环节少、成本低、周期短等方面的优势,已在全球范围内蓬勃发展。

广义的跨境电子商务分为出口和进口两种类型的贸易,但本书所讨论的跨境电子商务仅指出口跨境电子商务。

1.1.2 流程

从商品流向来看,跨境电子商务分为出口电商和进口电商,两种贸易形式流程相反。以跨境电子商务出口流程为例,整个业务流程主要有六大模块参与,即商品、跨境电子商务企业、支付企业、物流商、海关以及用户(企业或消费者),如图1-1所示。

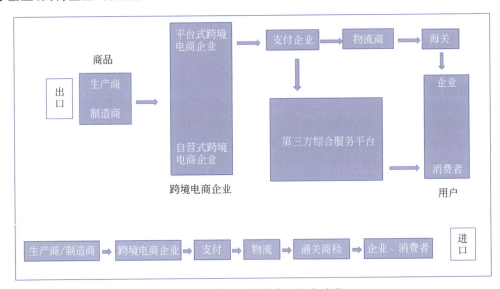

图1-1 跨境电子商务出口业务流程

商品在出口国被生产商或制造商上线并展示于跨境电子商务企业的平台上。一旦用户选定产品,决定下单并完成购买支付后,跨境电子商务出口会将商品交付给相关物流企业进行投递。经两次(出口国和进口国)海关通关商检后,商品最终被派送到企业或消费者手中。有的跨境电子商务出口方会直接与第三方综合服务平台合作,约定第三方综合服务平台代办支付之后的工作,从而完成跨境电子商务整个交易的过程。

1.1.3 类型与行邮方式

跨境电子商务企业分为平台式跨境电子商务企业和自营式跨境电子商务企业。

(1) 平台式跨境电子商务企业。平台型模式,即以邀请国内外商家入驻的模式运营,主要分为统合平台式电商、垂直平台式电商和综合平台式电商,进行多而全的平台化运作,主要参与主体为内贸电商巨头(如阿里巴巴旗下各平台、京东全球购、洋码头等),利用自身强大的流量优势为平台引流,包括B2C和C2C两种模式垂直平台式电商(如海蜜全球购、美丽说HIGO等)。目前参与者有限,主要集中在服饰、美妆垂直品类,多为C2C模式。

(2) 自营式跨境电子商务企业。一般指不依托第三方平台,自己构造电商体系,自建网站,自己引流,主要分为绕合自营式电商、垂直自营式电商和综合自营式电商(如网易考拉、小红书、达令、Amazon 海外购等），拥有较为丰富的商品和资金资源，部分电商经过一段时间的发展，会由自营模式逐渐向平台式电商模式演进。

跨境电子商务行邮有备货保税仓、跨境电子商务 B2C 直邮方式和个人物品快件 3 种清关方式。

① 备货保税仓：主要指跨境电子商务企业通过集中海外采购，统一由海外发至国内保税仓库，当消费者在网上下单时，由物流公司直接从保税仓库配送至客户。

先将大批量海外商品从国外商家下到海关监管之下的保税仓库，有顾客下单后，再由各电商根据顾客订单为相应的商品办理海关通关的手续，在保税仓库打包后贴上相关面单，经由海关查验放行后，最后才能委托国内快递派送至购买者手中。

这种模式可能更适合大电商，毕竟降低国际运费的前提是大批量囤货，要压很大一笔资金，好处也比较明显，用代购的话语来讲，就是国内现货秒发。

② 跨境电子商务 B2C 直邮方式：主要指需要跨境电子商务主体向海关和商检进行企业和商品备案，并通过技术对接报送订单信息、物流信息和支付信息给海关预审。

顾客下单后，商家根据顾客订单打包相应的商品，通过国际物流运至国内的保税仓库，各电商再为相关商品办理海关通关手续，经海关查验放行后，委托国内快递派送至消费者手中。

这种模式适合小企业，只要有人要，我再卖，不用压货款，用代购的话语来讲，就是代购，给钱，再下单。

③ 个人物品快件：主要指个人邮寄包裹，满足个人合理自用范围。个人物品直邮不需要平台和商品的备案。

商家在海外将消费者所购买的商品进行打包后贴好面单，集货发空运到指定清关口岸，货物落地后剩下的由清关公司负责清关，清出来后委托国内快递派送至消费者手中。

1.2 跨境电子商务的商业模式

中国跨境电子商务主要分为企业对企业（B2B）和企业对消费者（B2C）的贸易模式。

B2B 是全球企业之间通过专业网络或 Internet 进行企业商品数据和信息的交换、传递，然后自愿地开展贸易活动的商业模式。企业利用网络方便、快捷的特点，把企业的产品和服务通过 B2B 网站与客户紧密结合起来，形成一种交易通道，从而为客户提供更优的服务。在 B2B 模式下，企业运用电子商务以广告和信息发布为主，成交和通关流程基本在线下完成，本质上仍属于传统贸易，已纳入海关一般贸易统计。

B2C 也称为"商对客"，是电子商务的另一种模式。相对于 B2B 这种企业之间完成的交易，B2C 是直接面向消费者销售企业的产品和服务。简单来说，这是一种商业零售模式，消费者通过专业平台或网络，在家就能轻松购买到自己需要的商品和服务。在 B2C 模式下，中国企业直接面对国外消费者，以销售个人消费品为主，物流方面主要采用航空小包、邮寄、快递等方式，其报关主体是邮政或快递公司，大多未纳入海关登记。

1.3　中国跨境电子商务的发展历程

1999年,阿里巴巴用互联网打通中国供应商和海外买家之后,中国的对外出口贸易就实现了互联网化。在此之后经历了3个阶段,实现了从信息服务、在线交易和全产业链服务的跨境电子商务服务转型。

1. 第1阶段(1999—2003年):信息流整合环节

主要商业模式:网上展示、线下交易。

第三方平台的主要功能是展示信息,并没有交易环节。盈利模式主要是收取会员费、竞价广告费、咨询费等信息流增值服务费,并没有形成线上交易闭环。

典型代表:阿里巴巴国际站、环球资源网。

2. 第2阶段(2004—2012年):营收多元化

第三方平台开始将线下交易、支付、物流等流程电子化,逐步实现在线交易平台,营收多元化。收费模式改以收取百分点佣金为主,辅助推广、服务、物流等增值服务。

相比第1阶段,第2阶段更能体现电子商务的本质,通过服务、资源整合有效打通上下游供应链,包括B2B、B2C。(其中B2B当时是主力模式,主要直接对接中小企业实现产业链进一步缩短,提升利润空间)

典型代表:敦煌网。

3. 第3阶段(2013年至今)

2013年是跨境电子商务重要转型年,全产业链的商业模式都发生了变化。

大型工厂上线、买家成规模、中大额订单比例提升、大型服务商加入、移动用户量爆发。与此同时,平台承载能力更强,全产业链服务在线化。

用户群体由草根创业向工厂、外贸公司转变,产品也由网上、二手向一手转变,一手货源越来越多。

卖家群体中的传统外贸越来越多,平台模式由C2C(消费者对消费者)、B2C开始向B2B、M2B(生产商直接面对经销商)模式转变。在批发商买家中,大额交易成为平台的主要订单。

1.4　跨境电子商务的发展方向

互联网的高速发展,改变了我国的经济增长模式,互联网经济已渗透到人们生活的方方面面,改变着人们的生活方式。近几年,电子商务的发展日新月异,新模式不断涌现,改变了我国的经济增长模式和人们的就业方式与购物习惯。跨境电子商务规模也不断扩大,尤其是在疫情防控期间,越来越多的企业开始转向跨境电子商务。

2018年,美国为扭转巨大的贸易赤字,对中国掀起了新一轮贸易战,严重侵犯我国的利益与安全,愈演愈烈的贸易争端所引起的连锁反应对我国电子商务的发展产生了巨大冲击。为了减少对美国贸易的依赖性,我国积极推进与其他国家的贸易合作,尤其是随着"一带一路"倡议的提出,我国首个中部地区跨境电子商务物流专线——"菜鸟号"开通,在一定程度上缓解了贸易战带来的跨境电子商务发展危机。

2020年,新冠肺炎疫情的全球蔓延深刻影响了全球的经济发展趋势,传统的贸易模式在疫情冲击下呈现颓势,与此形成对比,跨境电子商务的优势日益凸显。从国家层面看,我国高度重视这种新型的贸易模式,各级政府纷纷出台扶持跨境电子商务的相关利好政策。2020年4月,国务院常务会议决定,在已设立59个跨境电子商务综合试验区的基础上,再新设46个跨境电子商务综合试验区。全国将拥有105个跨境电子商务综合试验区,跨境电子商务凭借其独特优势,成为对外贸易的新主力。

从企业角度而言,当前,全球范围内新冠肺炎疫情仍未得到有效控制,传统的贸易模式受到冲击,使得原本倚重传统贸易模式的企业主动转向跨境电子商务,跨境电子商务规模增速明显。新冠肺炎疫情的全球蔓延使部分跨境电子商务面临资金链断裂、经营风险等危机,严峻的考验使得企业须具备较强的综合实力,客观上也提高了我国跨境电子商务的准入门槛,使得我国跨境电子商务产业整体竞争力增强。

在全球范围内,跨境电子商务市场竞争激烈,作为互联网时代的新型商业模式,跨境电子商务为我国经济发展提供了新渠道,是当下经济社会发展的大势所趋,也是国际市场竞争的新出路。

跨境电子商务的良好态势得益于企业和国内政策资源的扶持,也离不开行业在长期发展中积累下来的成熟的供应链、制造以及人才优势。国内跨境电子商务不仅积累了较强的产品,也在积极探索如何利用新技术和新渠道更好地满足消费者的需求。

因此,跨境电子商务未来的发展方向可从以下几方面进行。

1. 优化通关、支付、物流、结汇等服务支撑体系

一是由海关总署牵头建立对跨境电子商务企业的认定机制,确定交易主体的真实性,并建立交易主体与报关服务的关联体系。电商货物进出口都纳入货物类监管,参考对个人物品的监管方式,逐步完善直购进口、网购保税等新型通关监管模式,电商货物清单核放,快速通关,事后由电商企业汇总申报。网上交易记录、物流记录、支付记录等都可作为跨境贸易电子商务出口货物的认证依据。加快电子口岸结汇、退税系统与跨境电子商务平台、物流、支付等企业系统联网对接,实现口岸监管的前推后移、分类通关,以及全程无纸化通关管理。

二是完善跨境电子支付体系。支持跨境电子支付服务企业发展,允许试点支付企业办理境外收付汇和结售汇业务。外汇管理局在接收在线交易订单、支付记录与实际通关信息并验证电商货物交易真实性后,可不将该笔交易的外汇金额计入个人客户结售汇总额,并允许支付企业集中办理付汇相关手续。

三是在保税区、通关、检验检疫、工商等与跨境物流配送相关环节,制定调整优化措施,进一步完善有关管理规范,推进贸易便利化,促进国内物流快递企业的国际化发展。鼓励大型国际快递企业与国内电子商务企业、物流配送企业尝试实施多元化配送模式。

出台跨境物流配送企业服务质量标准,促进跨境物流配送企业提质增效。

2. 建立和完善跨境电子商务市场监管体系

研究制定跨境电子商务市场监管法规,建立健全跨部门的日常协作配合机制,加快电子商务监管信息系统与平台建设,逐步完善跨境电子商务诚信体系,加强对我国跨境电子商务平台及电商企业的规范与监管,打击跨境电子商务中的假冒伪劣以及侵犯知识产权行为。建立跨境贸易电子商务邮件快件检验检疫的监管模式,同时研究跨境电子商务产品质量的安全监管和溯源机制。加快制定网络经营者电子标识和网络交易商品、交易行为的标准规范,建立对外贸易电子商务可信交易环境。引导个人海外代购转向专业网站经营,规范海外代购的流程和渠道。根据跨境电子商务的发展特征创新市场监管方式,不断提高监管的信息化水平,增强问题的发现能力和应急处置能力,为跨境电子商务的发展营造良好的市场环境。

3. 培养专业电商人员

伴随着我国跨境电子商务的迅猛发展,越来越多的电商企业对专业人才的需求进一步扩大,若无充足的后备人才,跨境电子商务发展容易后续乏力。因此,我国跨境电子商务的发展应该注重专业人员的培养。专业人员的培养是跨境电子商务发展的重要保障。

4. 利用相关有利政策推动跨境物流建设发展

近年来,国家十分重视跨境物流行业的发展,政府工作报告、国务院常务会议以及商务部、国家邮政局、海关总署等多次出台相关政策文件,鼓励跨境电子商务企业和跨境寄递服务企业在境外建立海外仓,出台了一系列政策推动我国跨境电子商务物流建设。跨境电子商务应该利用相关有利政策推动跨境物流建设发展。

第 2 章
跨境电子商务营销

营销是企业发现或发掘准消费者需求,让消费者了解该产品,进而购买该产品的过程,是在创造、沟通、传播和交换产品中,为顾客、客户、合作伙伴以及整个社会带来经济价值的活动、过程和体系,主要指营销同时针对市场开展经营活动、销售行为的过程,即经营销售实现转化的过程。好的营销对商家获利的作用是极为重要的。本章将介绍跨境电子商务的几种营销方法。

学习目标

- 了解国内外跨境电子商务的市场发展状况
- 了解跨境电子商务常见的营销策略
- 了解跨境电子商务的几种基本营销方法

能力目标

- 掌握常见的几种跨境电子商务的营销方法
- 掌握跨境电子商务的发展方向
- 掌握跨境电子商务的营销实质

2.1 跨境电子商务市场调研

近年来,进口护肤品、化妆品、服饰等成为消费者"心头好",甚至国外进口的吸尘器、马桶等也备受追捧。在此背景下,国内各跨境电子商务平台如雨后春笋般涌现,图2-1所示的跨境电子商务企业迎来前所未有的发展机遇。

2.1.1 国内跨境电子商务市场调研

1. 高品质

在中国,据前瞻产业研究院发布的《中国跨境电子商务产业园发展模式与产业整体规

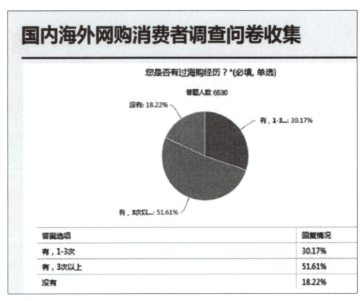

图 2-1　国内海外网购消费者调查问卷表

划研究报告》统计数据显示,2013 年中国跨境电子商务交易规模已达 2.7 万亿元,并呈现逐年快速增长态势。2015 年,中国跨境电子商务交易规模突破 5 万亿元。到 2017 年,中国跨境电子商务交易规模增长至 7.6 万亿元,同比增长 20.63%。截至 2018 年年底,中国跨境电子商务交易规模超 9 万亿元,达到 9.1 万亿元,同比增长 19.5%。2019 年,中国跨境电子商务交易规模突破10 万亿元。

当前中国跨境电子商务经营模式主要包括第三方平台或独立站模式经营这两种。目前,中国企业在海外建立的独立站数量已达到 20 万个以上。独立站模式具备一定的经营灵活性,易于收集、分析用户数据,以运营私域流量,它有规避第三方跨境电子商务平台合规风险等优势,未来发展势头强劲。

独立不止于建站,建站只是最基础的入门工作,而其商业本质认知、付费流量与内容流量认知的用户思维,才是决定 DTC 出海项目生死的关键。其次,相关的人才紧缺问题、全链路数据化运营工具 SaaS 的使用,也是国内 DTC 出海目前难以翻越的"大山"。

拿其中一个关键性痛点流量来说,流量是独立站的命脉,每次流量形态和流量结构的变化,都能孕育出一批新的独立站玩家。从 2004 年至今,中国独立站经历了 5 波新流量,抓住新流量红利者往往能脱颖而出。

独立站是生长在流量沃土之上的,而内容和社交是流量的最核心来源,TIKTOK 作为过去十年来唯一有可能跻身 Google、Facebook 流量体系之外的独立站流量源,存在孕育新的独立站模式的机会。

中国人民大学的博士生小耿是跨境电子商务平台的忠实用户。"我经常向身边的朋友推荐各种跨境电子商务平台,像网易考拉、小红书、天猫国际等我都用过。我现在使用的护肤品、化妆品几乎都是进口商品。"据小耿介绍,她身边的大部分同学都使用过进口商品(图 2-2)。

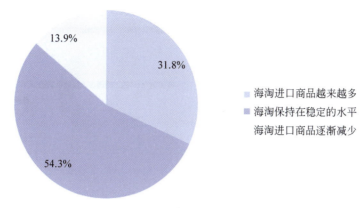

图 2-2　2018 年中国海淘用户海淘消费趋势分布

跨境电子商务产品好在哪儿？"我更相信国外品牌的产品成分和品质。"北京市民小孙表示。如图 2-3 所示，2018 年，30.7％的海淘用户因海外商品质量好而选择海淘。分析人士认为，产品质量越来越受到海淘用户重视，用户对高品质的跨境电子商务平台需求逐渐增加。

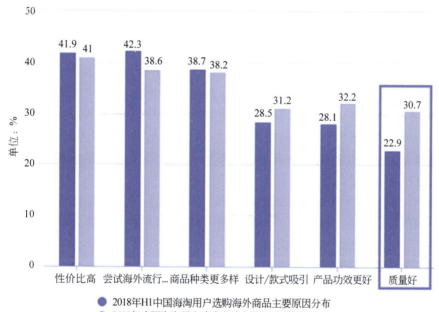

图 2-3　2018 年中国海淘用户选购海外商品主要原因分布分析情况

2. 营销互动形式

如图 2-4 所示，"双十一""双十二"等购物节的优惠活动也是刺激用户消费的重要原因。数据显示，超九成用户认为"双十一"活动激发了用户的海淘意愿。专家表示，"双十一"期间，各大平台的优惠促销活动与新颖的营销互动形式很大程度上刺激了消费。

第 2 章　跨境电子商务营销

图 2-4　海淘类应用"黑五"与"双十一"的下载量

3. 法律保障

一直以来,跨境电子商务存在着维权困难、捆绑搭售、大数据杀熟等乱象,影响了用户的购买意愿。针对这些问题,2019 年 1 月,历时 5 年的《中华人民共和国电子商务法》终于落地。中咨律师事务所一级合伙人彭亚峰律师表示,《中华人民共和国电子商务法》实施后,消费者若在电商平台买到假货,可向卖家追责,也可以直接向平台追责。由于平台需要承担连带责任,因此平台为避免假货引起赔偿责任,势必加大对商家和商品的审核、监管力度。2019 年 1 月 1 日起,《关于完善跨境电子商务零售进口税收政策的通知》等一系列新政陆续落地,利好惠及全国 37 个城市,跨境电子商务行业迎来政策性红利。例如,一系列新政对进口商品在安全、税收、物流、售后等各方面作出明确规定,使相关企业发展有章可循,保护消费者的权益,有利于推动行业健康发展。同时,关税降低、物流效率提高、售后服务改善、消费体验提升,进一步促进了进口商品的消费。专家认为,新政一方面放宽了对跨境电子商务零售进口的限制,促进进口跨境电子商务行业的发展;另一方面,在规范代购方面明确监管方向,有利于解决海外代购假货泛滥、售后维权困难等现象,进一步规范进口跨境电子商务市场。

此外,2018 年 11 月举办的首届中国国际进口博览会助推了跨境电子商务的发展。在首届中国国际进口博览会上,共有 172 个国家、地区和国际组织参会,3600 多家企业参展,超过 40 万名境内外采购商到会洽谈采购。网易考拉、苏宁易购、京东、阿里巴巴等电商平台均向全球供应商开出超级订单。

4. 机遇

《中国跨境电子商务市场研究报告(2018—2019)》显示,用户在海淘时普遍看重品牌,对惯用品牌的忠诚度较高,因此,与大众惯用的海外品牌有长期合作的平台将具备一定优势。此外,海外留学、出境游的兴起为跨境消费创造了文化环境,为跨境电子商务企业带来更多的发展机遇。

毕业于英国兰卡斯特大学管理学院的小蔡表示:"我买进口商品的习惯是从留学时开始的,毕业回国之后一度发愁买不到合适的进口商品。直到近年来各大跨境电子商务平台兴起,才可以买到适合自己的进口商品。"

分析人士认为,随着经济全球化趋势不断加强,以及中国电商行业的迅猛发展,跨境电子商务将迎来新机遇,而大型平台的专业化运营将对行业整体口碑的提高有较大帮助,中国跨境电子商务市场发展前景广阔。

同时,随着移动互联网的普及与全球消费观念的兴起,用户对高品质跨境电子商务的需求不断增加,海淘用户规模也将持续扩大。伴随相关部门陆续出台的实质性利好政策,跨境电子商务有望进入健康、快速发展的新阶段,中国将成为全球跨境电子商务最大、发展最快的市场。

5. 市场规模分析

2020年年初,新冠肺炎疫情来袭,使我国进出口贸易发生了重大的变化,国外需求暂缓、外贸订单取消等情况频有发生。随着疫情得到有效控制,以及相关利好政策的实施,我国外贸在2021年二三季度逐步复苏。

前10个月,我国货物贸易进出口总值25.95万亿元,比去年同期增长1.1%;其中出口14.33万亿元,增长2.4%;进口11.62万亿元,下降0.5%。我国外贸进出口2.84万亿元,增长4.6%。其中,出口1.62万亿元,增长7.6%;进口1.22万亿元,增长0.9%。

在复苏中,跨境电子商务成为逆势上扬的主要动力。从整个交易情况看,跨境电子商务板块无论是客户数量还是产品数量,在2021年都有了较大幅度的增长,特别是出口电商,增长势头迅猛。在2021年的全球疫情中,我国出口商户把握住了机会,成为向国外输出产品的重要力量。

中国跨境电子商务交易规模迅速增长。2018年,中国跨境电子商务交易规模达到9.8万亿元,2020年我国跨境电子商务交易额约占中国进出口总额的37%。跨境电子商务不断赋能,中国制造业迎来增长新动力。2018年,网易考拉、天猫国际和海囤全球分别以27.1%、24.0%以及13.2%的市场份额雄踞跨境电子商务市场(进口)前三甲。天猫国际与网易考拉合并之后,阿里跨境电子商务市场(进口)份额占比将超过50%,成为真正的跨境电子商务第一站。未来3年,随着阿里跨境电子商务的马太效应逐步显现,京东的跨境业务威胁将进一步放大。

国家力促跨境电子商务发展,旨在扶持传统外贸企业借助互联网的渠道实现转型升级。"互联网+外贸"的模式,催生了蓬勃兴起的跨境电子商务行业。跨境电子商务平台通过引入高质量海外进口商品获得国内消费者的青睐,未来跨境电子商务行业将持续高速发展。在经济全球化促进下,跨境电子商务已经逐渐成为推动外贸增长和产业结构升级的新动力。中国是世界第一网络零售市场,拥有全球最多的网购用户,跨境电子商务零售进口发展呈现快速增长态势。近年来,随着互联网基础设施的完善和全球性物流网络的构建,跨境电子商务一直保持着较高的增长态势,交易规模日益扩大。

6. 发展趋势解读

1)跨境电子商务仍处于红利期

艾媒咨询分析师认为,2018年以来,跨境电子商务行业迎来政策性利好,电商法及系列跨境电子商务新政的出台将规范跨境电子商务行业的发展。此外,提高个人跨境电子商务消费限额、新增跨境电子商务综合试验区,为跨境电子商务行业进一步发展营造了良好的政策环境。与此同时,如图2-5所示,中国消费者购买力不断提升,跨境电子商务市场内需庞大,为跨境电子商务企业带来更多的发展机遇。

图2-5　中国跨境电子商务交易规模(2016—2020)

2）跨境电子商务行业规范化发展

伴随跨境电子商务行业的快速发展,假货、维权困难、捆绑搭售、大数据杀熟等乱象不断滋生。《中华人民共和国电子商务法》(以下简称《电商法》)及系列跨境电子商务新政的出台对商品安全、税收、物流、售后等方面作出了明确规定,有利于改变原有跨境电子商务平台良莠不齐、行业野蛮生长的状况,使企业有章可循、规范发展,推动市场有序竞争。同时,这也加强了对消费者权益的保护,有利于促进购买,推动行业发展。

7. 五大趋势

1）合规化

企业在境内外的合规化成为发展的一道门槛。如何处理合规化带来的成本提升,以及市场路径的选择,值得企业思考。

2）物流规模化

资本的介入加快了物流和仓储行业的发展,未来的物流行业服务的稳定性和成本将显著改善,且会出现规模化、更大服务范围的物流企业。

3）金融普及化

未来,供应链金融产品将更加丰富,会出现面对不同卖家需求的金融产品,流动性更强、更稳定。

4）平台去中心化

随着流量增速放缓,跨境电子商务新零售时代来临,社交化、去中心化趋势明显;卖家的营销手段应与时俱进,打通线上和线下渠道。

5）运营国际化

随着中国制造资源的变革,外部环境的变迁,要让采购国际化、市场多国化,卖家的运营国际化水平须相应提升。

8. 发展前景

一个行业的发展前景,主要取决于政策环境与市场环境。

从政策上看,新政出台表面上看是压制了相关消费,打压了跨境电子商务,但本质上是国家对跨境电子商务的监管、规范。这说明政府层面更加认可和重视跨境市场,也意味着跨境电子商务已逐步涉及更多的品类。我们完全有理由期待一个更加规范的跨境电子商务大市场的到来。

但政策规范与消费升级也对跨境电子商务提出了新的要求。首先,正式纳入监管体系标志着低门槛跨境电子商务的政策红利时代结束,全球整合供应链成为发展趋势。对于大型跨境电子商务,需充分利用政策缓冲期,提前布局商业形态和主营业务;对于没有足够资金搭建自己物流体系的中小微企业,则需借助好的第三方平台完成采购供应,把主要精力放在产品销售和客户维护上,以灵活性打造竞争优势。

其次,消费升级带来消费需求变化。

第一个新特点是注重性价比,泛轻奢将成为常态,关注提供"品质"才是正确方向。

第二个新特点是注重价值主张,爆品宣传已经越来越不能引起关注,价值观鲜明,拥有人格魅力的品牌更受青睐。个性化、差异化需求明显。

第三个新特点是二三线城市实现扩围,为保证这部分消费者的消费体验,仓储物流效率凸显为关键问题。

综上所述,跨境电子商务未来5~10年依然是红利风口,但从业要求不断提高。行业角逐点已从放养式的拼低价、拼爆品,转移到规范化的拼品质、拼个性、拼效率。

2.1.2 国外跨境电子商务市场调研

如图2-6所示,近年来,除了国内电商平台快速发展外,随着经济的发展,全球化趋势不断增强,消费升级持续发力,全球的跨国电商同样也发展得如火如荼。

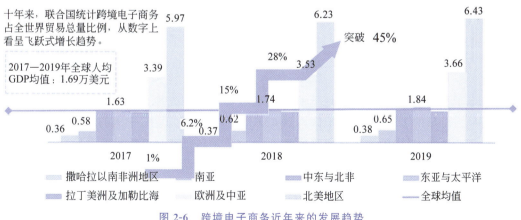

图2-6 跨境电子商务近年来的发展趋势

1. 跨境电子商务平台

亚马逊和全球速卖通(AliExpress)成为跨境购物的两大首选。截至2018年,调查显示全球消费者最近一次使用跨境电子商务平台进行跨境购物,24%的消费者选择了亚马逊,16%的消费者选择了阿里巴巴旗下的全球速卖通,14%的消费者选择了eBay,10%的消费者选择了Lazada。

中东地区使用跨境电子商务进行网购的消费者占中东地区网购者的比例最高,达到70%,而亚太地区和北美地区的跨境电子商务使用者不足五成,欧洲和南美地区的海淘消费者则不足六成。

另外,数据显示,澳大利亚国内电商占线上消费的绝大份额,占比达74.6%。只有25.4%的线上消费在跨境电子商务平台进行。

2. 北美市场

在经济实力上,北美居民消费水平高,以美国与加拿大为主的北美国家,虽然作为成熟的市场经济,增速略慢于世界整体水平,但是其庞大的基数仍确保了其在经济实力与消费水平上难以超越的领先地位。2019年,北美地区按照购买力评价法计算的人均GDP为6.43万美元,约为第二高消费地区——欧洲及中亚的1.75倍,且远高于世界平均水平的1.76万美元。2021年世界各国GDP/PPP排名如图2-7所示。

Country/Economy	GDP Nominal (billions of $)					GDP PPP (billions of Int. $)				
	2020	Rank	2021	Rank	share (%)	2020	Rank	2021	Rank	share (%)
United States	20,807.269	1	21,921.585	1	24.1	20,807.269	2	21,921.585	2	15.7
China	15,222.155	2	16,834.591	2	18.5	24,162.435	1	26,730.564	1	19.1
Japan	4,910.580	3	5,103.175	3	5.61	5,236.138	4	5,476.057	4	3.92
Germany	3,780.553	4	4,318.485	4	4.74	4,454.498	5	4,743.422	5	3.39
France	2,551.451	7	2,917.668	5	3.21	2,954.196	10	3,201.416	10	2.29
United Kingdom	2,638.296	5	2,855.671	6	3.14	2,978.564	9	3,224.614	9	2.31
India	2,592.583	6	2,833.874	7	3.11	8,681.303	3	9,654.247	3	6.90
Italy	1,848.222	8	2,111.649	8	2.32	2,415.410	12	2,598.138	11	1.86
Canada	1,600.264	9	1,763.046	9	1.94	1,808.995	15	1,944.661	15	1.39
Korea	1,586.786	10	1,674.112	10	1.84	2,293.475	14	2,411.451	14	1.72

图2-7 2021年世界各国GDP/PPP排名

在电子商务销售方面,亚太地区和北美地区都处于领先地位。2020年,北美地区网络零售额占全球的19.1%,亚太地区占到62.6%,占比最高,其中,中国的主导地位发挥了最大作用。因此,以中国为出口国的角度来看,北美地区仍然是市场成熟度最高的优质目标市场。北美地区网民多,消费能力强,B2C市场更为活跃。截至2020年5月,美国与加拿大共有多达3.29亿网民,网民规模占地区总人口的渗透率为94.6%,远高于全球平均水平。

在消费习惯方面,北美移动化程度高,对国际网站本土化要求高,如图2-8所示。

在基础设施方面,可靠的基础设施释放行业潜能,人力成本较高。

北美
- 48%的消费者进行跨境消费
- 75%-80%的消费者不排斥在非母语外国网站购物
- 70%-80%的消费者在跨境网购时偏爱大型国际购物网站
- 22%的消费者在过去12个月内曾在美国网购
- 61%的美国跨境消费者通过智能手机在国际网站上购物,占跨境网购消费额的32%
- 33%的加拿大跨境消费者通过智能手机在国际网站上购物,占跨境网购消费额的15%

欧洲
- 57%的西欧消费者进行跨境消费
- 25%-60%的欧洲消费者不排斥在非母语外国网站购物
- 45%-75%的东欧消费者不排斥在非母语外国网站购物
- 35%的英国跨境消费者通过智能手机在国际网站上购物,占跨境网购消费额的24%

中东
- 72%的消费者进行跨境消费
- 30%-40%的消费者不排斥在非母语外国网站购物

拉丁美洲
- 52%的消费者进行跨境消费
- 65%的消费者不排斥在非母语外国网站购物

亚洲
- 48%的消费者进行跨境消费
- 35%-75%的消费者不排斥在非母语外国网站购物
- 26%的跨境消费者在过去12个月内曾在中国网购
- 38%的日本跨境消费者通过智能手机在国际网站上购物,占跨境网购消费额的24%

非洲
- 62%的消费者进行跨境消费
- 65%的消费者不排斥在非母语外国网站购物

图 2-8　不同地区跨境消费及不会排斥在非母语外国网站购物的消费者比例

3. 美国市场

2017年,美国电商销售额超过4310亿美元,Internet Retailer估计,2017年美国电商市场增长了约15%,达4550亿美元。如图2-9所示,亚马逊市场份额占美国电商的28%,美国2018年半年进口额达12363.36亿美元,其中中国出口到美国占其进口额的20.2%,达到2497.4亿美元。

图 2-9　亚马逊销售额1061亿美金占当地总零售市场

美国96%的人在线上购物,平均工资为5000美元,房租为每年100~300美元,根据美国人口调查局数据显示,在2018年传统零售年增长率仅1%~3%的背景下,电子商务以每年14%~15%的速度快速增长,至今没有任何放缓的迹象。虽然增长迅速,但电子商务作为一个渠道,占比依然较小,仅占美国总零售额的12%,预计美国总零售市场是

3万亿美金级市场。

4. 英国市场

英国87%的人会在网上购物,电商销售额达到1210亿美元,占总零售市场销售额的19%。2016年,英国人均网购额达到3456.22美元。

5. 其他

在日本市场,2017年电商零售额超过1110亿美元,目前电商销售额占总销售额的8%,预计电商市场也是万亿美金市场。在德国市场,Mintel的研究显示,2016年93%的德国消费者参加网购。2017年,德国电商销售额约为770亿美元,占总销售的8%。其次,爱剁手的法国网民,人均网购额为1925美元,他们网购最多的商品是服装。

2.2 跨境电子商务营销策略

2.2.1 搜索引擎优化

43%的电商流量来自Google自然搜索。如果在Google搜索目标关键词时,网站没有出现,那么你正在错失大量的流量,这些流量可能意味着销量,所以开始搜索引擎优化(SEO)吧,如图2-10所示。

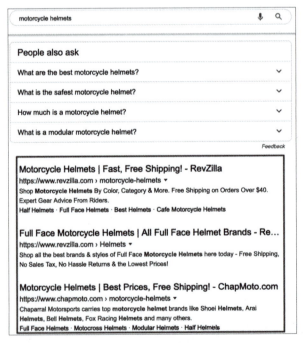

图2-10 SEO图示

通过专注于SEO,Revzilla的销售额增长到7500万美元,现在该网站每月的自然搜索访问量达到 170 万人次。

那么,你应该从何开始呢?

专注于提升产品单页和类目页面的排名。

流程可以简化如下。

- 开展关键词调研。具体可以参阅之前的文章《SEO 之关键字研究权威指南》。
- 识别搜索意图。确保人们在搜索这些字词时带有交易动机。为此,需要在 Google 中搜索这些字词,看看结果的前 10 名是否以产品或者类目居多,而不是博客文章居多。
- 页面优化。创建一个与搜索意图匹配的页面,并且为目标关键词优化标题标签、描述、一级标题(H1)、URL 和产品描述。
- 外链建设。为产品或类目页面建设外链出了名的复杂。但是,可以使用像"中间人"这样的策略来简化这一流程。

2.2.2 内容营销

内容营销是这样一个过程:它通过创建在线内容,告诉潜在客户如何解决他们正面临的问题,以及你的产品可以如何帮助他们。

例如,如图 2-11 所示,Breadbrand 指导有胡子的男士给自己的胡子塑形,并在这个过程中顺便推广了自己的产品。

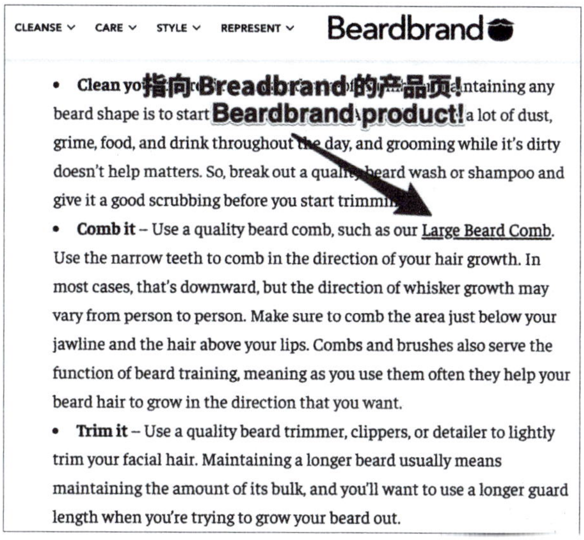

图 2-11 指向 Breadbrand 的产品页

下面介绍两种方式来开展内容营销。

大多数品牌在创作博客时最大问题之一是太以自我为中心了。

除非你是坐拥大批粉丝的名人,否则采用上面两种方式开展内容营销不会奏效。当然,若你向已有受众推送(以自我为中心的内容),可能会收获一个小的流量高峰。但是,很快流量就会消失不见,如图 2-12 所示。

图 2-12　流量变化图

如果想使博客得到增长,就需要围绕人们正在搜索的话题展开写作。因为只要你的网站在 Google 的排名够高,就能收获被动的自然搜索流量。

如何找到这些话题呢?

找一个免费的关键词调研工具,从中复制并粘贴一些候选关键词到 Google 关键字规划师中。或者,使用像 KeywordSurferSEO 关键词分析这样的工具获得更多的候选关键词。

具体的关键词研究方法之前写过,这里不再赘述。

确定好主题后,接下来创建一些值得高排名的出色内容吧。

在 YouTube 提高视频排名

拥有 320 万订阅者的 Luxy Hair 在 YouTube 呼风唤雨,这不仅因为他创立了一个属于头发狂热者的社区,还因为他的视频中的大量相关关键词拥有排名。

如图 2-13 所示,无论何时,只要有人搜索与头发相关的视频,Luxy Hair 就会出现。这使他们能够提高产品的知名度,并在行动中展示他们的产品。如图 2-14 所示,他们还将订阅者引导至他们的线上店铺购买产品。

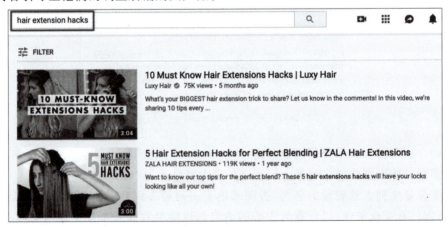

图 2-13　关键词搜索

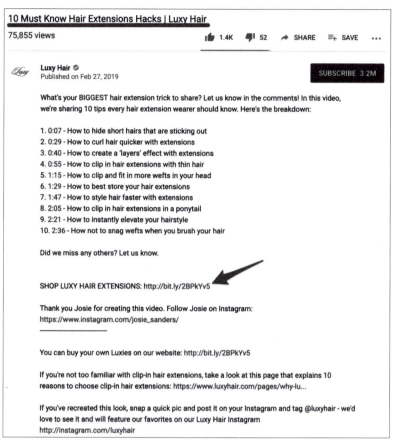

图 2-14　线上店铺引导

在 YouTube，每个人都有机会获得排名。因为 YouTube 希望将观众留存在他们的平台，以赚取更多的广告收入。如果有人能创作娱乐性和参与度更强的视频，YouTube 很乐意奖励给他们更多的曝光。

和博客一样，最好是标的那些有搜索量的关键词。你只需要将一个较广泛的关键词粘贴进 YouTube 关键词工具，然后到平台问题报告栏目就可以找到那些关键词。

为了在 YouTube 取得好结果，可以遵照 Luxy Hair 创始人 Alex Ikonn 的 4 步来优化：

- 质量。上乘的音频和视频质量。它无需非常高端，但是你应该确保人们在观看你的视频的时候不至于抓狂。
- 价值。教给观众一些东西，或者解决他们的问题。你的视频应该对观众真的有帮助，而不仅仅是一场演讲。
- 一致性。Luxy Hair 每周发布一则视频，过去 9 年从不间断。让你的观众知道你会一直做下去。做一个计划，并长期执行下去。
- 真实性。确保你的内容是真实的。如果你没有相关领域的经验，不要装懂。他们视频中的主角 Mimi 并不是发型师，她没有隐瞒这一事实，而是不断地告诉观众她只是一个正在学习发型知识的普通人。

2.2.3 电子邮件营销

电子邮件营销方面花费的每 1 美元可以带来 38 美元的回报。这个惊人的 3800% 投入产出比使电子邮件营销成为可用的最好的营销渠道。

实际上,正是由于电子邮件营销,9 位数的街头服饰品牌 KarmaLoops 才免于破产。再来看 Gnarbox 这套相机备份设备,如图 2-15 所示,在 2 万个订阅者的加持下,从 Kickstarter 筹得了 90 万美元。

图 2-15　Gnarbox 筹得 90 万美元

首先,必须建立一个电子邮件列表。第一步是为网站引流。

第一步是说服他们加入你的列表。做好这件事其实就是为你的访客提供价值。为此,人们一般会提供独家折扣或者免费章节(例如电子书网站)。

有些电商网站喜欢在用户订阅的时候提供折扣,以示感谢。

一旦有用户订阅了你的电子邮件,记得创建一个登记后序列来保证他们的参与度。它可以是一套欢迎邮件来介绍你自己或你的公司,并将他们引向你手头的一些信息资源,或者将他们直接引导到产品类目。

你还能发送废弃购物车的邮件(序列)。如果有客户将产品加入了购物车,接着在付款前退出,就会收到这些邮件。大约 70% 的消费者会废弃他们的购物车,这些邮件可以推动他们返回网站,完成下单。

记住:电子邮件营销的最终目标是与你的客户建立良好的关系。当客户与你持续互动时,你就可以保持较高的品牌知名度,并鼓励他们光顾你的站点——不断为你带来销量。

因此,不要发完几封登记邮件后就置之不理。找到可以持续(为顾客)创造价值的方式,并与顾客互动。

可以向客户发送博客文章,告诉他新品的消息,提供折扣,或者与客户共同庆祝某项盛事,等等。

可以将相关的活动或事件(如夏至、返校季等)嵌入产品中。

2.2.4 社媒广告

根据 eMarketer 的统计,2019 年社媒广告费用估值高达 370 亿美元。其中 84% 的费用到了 Facebook(包括 Instagram 及其他相关资产)。

大量营销预算投入社交媒体的原因是社媒广告的标的功能相当强大。

以 Facebook 为例，可以通过人口统计学、兴趣、人们点过赞的页面和其他一系列维度来缩小受众范围。

更精确的标的＝更低廉的单击花费。

如果你经营一家销售利基产品的网店，社交广告也会非常有用。例如 CriticalPass，专门向法学院的学生销售抽认卡。过去要标的这样特定的受众是非常困难的，但是在社媒广告的帮助下，他们得以轻松触达这些受众。对新开的电商网站而言，你可能认为自己没有预算来购买广告，但事实却不一定如此。

关键在于衡量广告的投入产出比。当这个值不错时，意味着你的广告正在带来销量。假设你的转化金额已经考虑了成本，你就在赚钱了。

2.2.5　Google 广告

如图 2-16 所示，有了 Google 广告，你可以付费出现在搜索结果中。

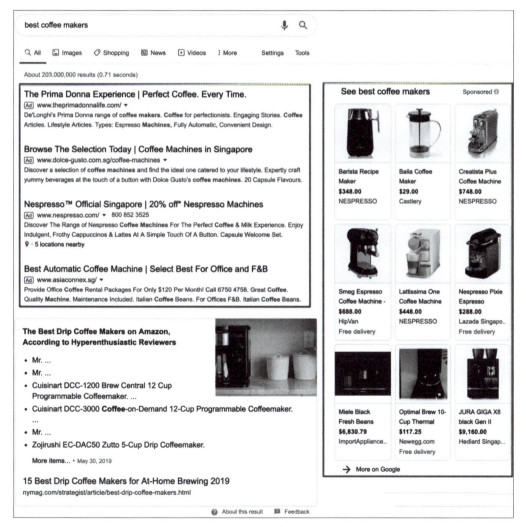

图 2-16　搜索结果

即使你正在向 SEO 方面投入,Google 广告也是有用的。因为 SEO 需要较长时间才能产生效果,你可以先为目标关键词出价,即刻获得流量。可以测试以下 3 种类型的广告。

1. 搜索广告

这些广告会出现在特定短语的搜索结果中。这项工作成功的关键是找对应该标的的关键词。当然,在线上开展这项工作有多种策略,但是你可以从下面这招起步。

使用竞争对手出价的关键词。如果竞争对手为特定的关键词付费以获得流量,就表示这些关键词可以为他带来利润,那就意味着这些关键词也能为你带来利润。可以使用 ahrefs、keywordspy 工具来监测竞争对手的广告。

2. 再营销广告

再营销广告是这样一种在线广告形式:它允许标的那些离开过你的网站的访客。再营销广告有助于说服访客返回你的网站,并考虑下单。

为了让再营销广告发挥作用,你需要知道潜在顾客是在营销漏斗的哪个环节离开的。基于这些知识,如图 2-17 所示,你就可以根据漏斗的下一个环节创建优惠信息,并向这些顾客投放了。

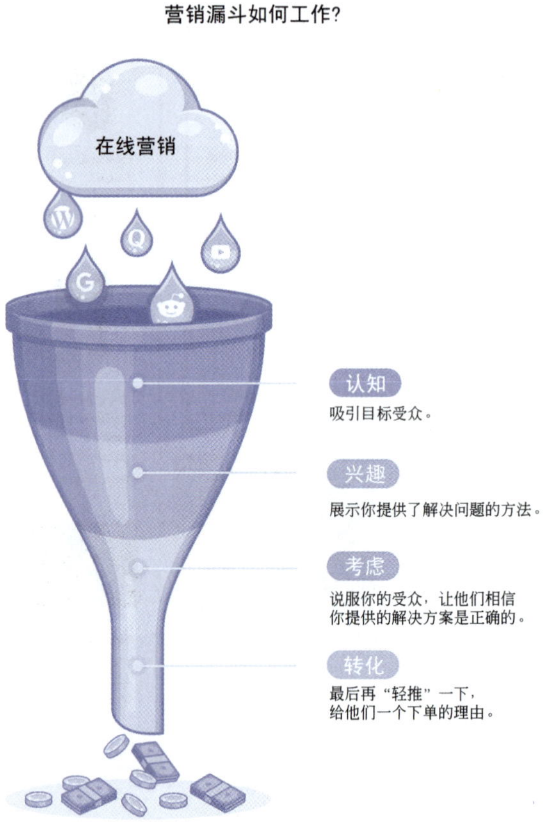

营销漏斗如何工作?

认知
吸引目标受众。

兴趣
展示你提供了解决问题的方法。

考虑
说服你的受众,让他们相信你提供的解决方案是正确的。

转化
最后再"轻推"一下,给他们一个下单的理由。

图 2-17 营销漏斗

例如,他们可能访问了网站上的某个产品页面,并将这个产品加入了购物车,但是没有付款。在这种情况下,除发送废弃购物车的邮件之外,你还能重新标的这些潜在的客户,鼓励他们返回网站以完成购物。

或者你看到网站首页获得了许多流量,但是没有用户转化成订阅者,这时你就可以本着这个目标向他们推送再营销广告。

3. Google 购物广告

如图 2-18 所示,这是一个 Google 购物广告。

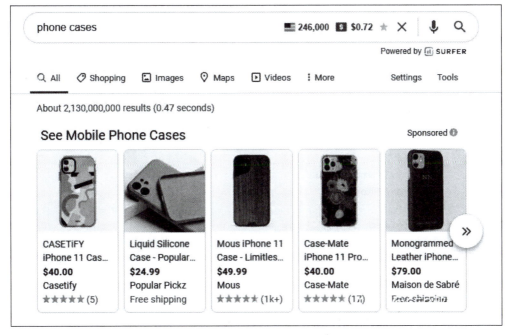

图 2-18　Google 购物广告

这些广告也叫做产品列表广告(Product Listing Ads,PLAs),因为其会显示在商业关键词的自然搜索结果之前,所以这些广告很有吸引力,同时,Google 还允许你在其中加入视觉元素(这有助于吸引注意力)。

2.2.6　联盟营销

通过向别人支付佣金来出售产品的方式叫作联盟营销。许多电商站点都采用了这种营销方式。联盟营销的工作方式如下。

联盟专员推广你的产品;顾客单击"联盟"链接,并下单购买了你的产品;顾客的交易行为被追踪;你将承诺的佣金(如售价的 10%)支付给联盟专员。

基本上,你需要找到那些已有受众中包含目标客户的人,然后与他们合作,将产品推广给他们的受众。

对一个新的电商站点来说,你可能面临两个问题:找到联盟专员;说服联盟专员与你合作。

1. 找到联盟专员

最简单的找到联盟专员的渠道是 Google，如图 2-19 所示，搜索"top[你的利基行业] influencers/bloggers"，就可以得到许多列表。

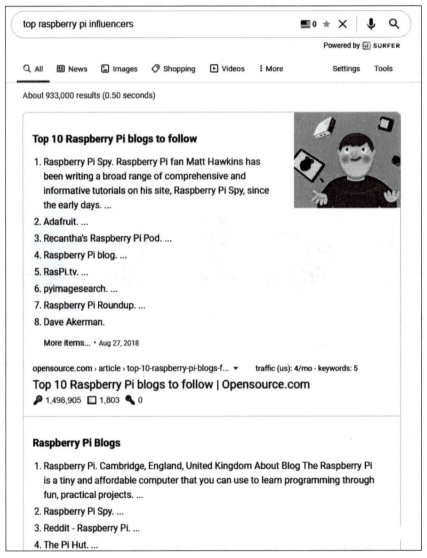

图 2-19　联盟专员列表

如图 2-20 所示，找到一个已经在联盟营销项目的竞争对手网站，注册成为它的联盟专员，获得联盟链接，并在 URL 中找到足迹（固定模式）。

现在应该可以看到竞争对手的联盟专员有哪些了。既然他们可以与你的竞争对手合作，他们就有可能愿意与你合作。考虑一下主动联系他们，并向他们提供一个无法拒绝的

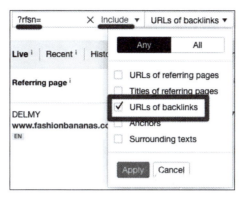

图 2-20　注册联盟专员

合作条件。

2. 说服联盟专员与你合作

因为你的店铺无人知晓,于是最棘手的问题是说服联盟专员与你合作。要做到这一点,需要开出令人信服的条件。

但这在实际中意味着什么呢?

按照 Kettle&Fire 营销总监 JackMeredith 的解释,这意味着:有他们可以代言的高质量产品。大多数聪明专员以与受众建立信任为生。如果推广劣质产品,他们可能会失去粉丝的信任。因此,他们只愿意推荐那些他们自己相信的产品。

让他们尽可能容易地推广。大多数与电商站点合作的联盟专员需要自己做所有事情:设置着陆页;创作文案;等等。你可以帮他们处理这些繁杂的事情,以便从众多电商站点中脱颖而出。向他们提供电子邮件文案,帮助他们建立能够转化的着陆页面,等等。有很多工作需要完成,你做事必须有始有终。

提出他们无法抗拒的条件(金钱)。联盟专员推广产品的目标是赚钱。因此,你的条件必须在金钱上对他们有意义。仔细考虑一下,提出互利共赢的条件。

联盟营销的核心是关系建立。建立成功联盟项目的关键是理解协作者的目标。

Jack 表示一旦与最初的几个联盟专员成功建立合作,人们会开始把你推荐给更大牌的人物。这可以为你的店铺带来飞盘效应。

与优质的联盟专员使用→你获得了更高的知名度和更多的销售额→你得以给出更优厚的佣金→其他高质量的联盟专员注意到了你,并想与你合作。

那么,红人营销呢?

红人营销是指把产品寄给社交媒体上热门的红人,希望他们可以评测产品并提及你的品牌(还可以付款给他们,让他们在粉丝中为你的产品代言)。

总的来说,Babak 并不是这项策略的超级粉丝。首先,如果你希望得到这些红人的自然评测,就必须让他们足够喜爱你的产品。

其次,这种代言的成功率很难衡量。就像 FrankBody 发现的那样,花 20 000 美元赞助一个顶级的红人(JenShelter),结果一单都没有成交的情况是完全可能发生的。如果把钱花在别的渠道,效果通常会更好。

2.2.7　跨境电子商务的新型营销组合策略

1. 完善物流系统

物流系统是确保跨境电子商务可以实现交易进程的重要部分,对此,要想强化跨境电子商务的销售策略,一定要完善物流系统。首先,需要对现阶段全部的物流信息展开充分的汇总,做到物流资料的信息化。其次,需要提高境外的物流站点分布。在现如今的全球电商发展状态下,我国可以在境外市场具有独立的物流网点,其物流成本可以下调百分之十左右。再次,需要建立境外仓储站点,这样可以减少跨境电子商务的交易时长,很大程度上也节省了物流投入,有助于获得更高的经济收益。

2. 健全通关体制

除物流体系之外,通关部分也是干扰跨境电子商务发展的关键要素之一。一部分,需要强化通关系统,提升通关效率。把通关形式由书面通关向信息化通关形式转变,简化通关办法。另一部分,需要配合当代信息化技术,在海关实施信息化核查方式,这样一方面可提升通关率的准确性、有效性,有助于保障通关产品的品质;另一方面可减轻海关人员的作业压力,有助于达到更好的通关成效。

当产品从境内出口经过海、陆、空运的方式送往境外后,存储到建立在境外的物流仓,待产品真正在网上被消费者下单消费后,商家再在网上交易,对境外的仓库发布运送的指令就能够完成一单。产品从消费者所在地的物流仓送出,大大减少了物流运送的周期。当然,电商也能够运用预售的办法,提前在网上发布产品上架信息,减少积压货物的风险与产品周转的时长,解决前期销售时成本昂贵、运送时间长的难点。

如今,很多跨境电子商务都逐渐运用此类办法,在区域内创建物流仓用于存放从境外直接输送买进的产品。待区域内用户在互联网上下单购买之后,利用物流直接将区域内物流仓中的产品发至用户手里,由此省去了中间商的差价、不必要的存储费和加工费用,以及相关税率。除物流以外,其中关键构成之一的海关,需要提升通关成效,直接对电商通过境内电子口岸输入申报的报关单及附带凭证的电子信息展开信息化审查、检验处理的通关监察办法,大大节约了周期和进度的复杂性,提升了过关效率。

3. 提高支付和汇率管理

企业需要关注地区和地区之间的政策变化以及汇率走向等情况。例如,英国"脱欧"公投对大部分跨境电子商务来说都是一次财务上的损失,造成欧元下跌,直接干扰了出口商品的价格。以英镑为例,在最后价位不变的状态下,跨境贸易电商的收益直接下降百分之十左右,而价位的调节一定会带来营销总额的下降。当然,对于从欧洲进口的跨境电子商务来说,这次变动反而提升了其财务收益。由此可见,在未来一段时期内,跨境电子商务出口欧洲市场将会遭遇危机,而因为避险心理产生的日元上升又会严重干扰进口日本产品的跨境电子商务。

英国一直开展较为宽松的进口申报体制,很多出口地为境外的产品都会挑选英国当作中转地。但自从其"脱欧"后,因为英国和欧盟各个国家的交易没有办法再获得相应的优惠机制,也就会出现关税的征收,对跨境电子商务出口的发展一定会产生干扰。所以,跨境电子商务企业需要及时关注全球政局的变化以及关键经济体的体制调整,便于境内电商及时面对突发情况,对进出口形成的负面干扰进行处理。

在考量汇率、价格高低的同时,跨境电子商务还需要积极开展有效的跨境第三方支付管理,确保支付氛围的稳固性和数据的安全性,还需要利用立法手段等组建健全的征信体制。如境外的 eBay 网为消费者展示 PayPal 支付手段,支持各个地区、多币种付款。消费双方只需依据流程绑定网银、交易和资本账户,这样的跨境资本支付比信用卡等付款办法更方便且可以获得保障,客户非常愿意使用。

最后,对于商品和营销,企业需要变革传统的营销模式,重点展开网上销售。在推销商品之前,需要运用互联网平台优势展开详细、具体的市场调查,对目的地市场进一步仔细探究,如支付习惯和汇率变动、通关标准等区别。

2.3 跨境电子商务营销方法

2.3.1 邮件营销和贺卡投放营销

如图 2-21 所示,邮件营销是电商传统营销方式中的代表之一,随着营销以及推广资源的竞争愈加激烈,营销推广的成本持续上升,邮件成为当前性价比比较高的网络营销方式之一。无论是做搜索引擎还是通信,只要有用户就会有收益,所以用户群体的规模是互联网应用价值的重要指标,而目前电子邮件在中国的使用用户群体有 2.5 亿左右,所以电子邮件营销带来的效果依然可观。邮件营销想达到预期中的效果,就要懂得游戏规则和特点。邮件营销要建立客户关系与品牌忠诚,维护好用户关系,随时跟踪用户的浏览和使用习惯,分析他们在产品类别、阅读时间、购买频次等方面的各种信息,制定个性化邮件,使营销效果更具可控性,提高营销度。

图 2-21 邮件营销

卖家可以筛选有回购的客户,留下好评的客户,然后结合节日节点做一张卡片,进行定期定时的贺卡投放营销,如图 2-22 所示。

图 2-22 贺卡投放营销

2.3.2 社交媒体营销

随着微博、微信等社交网络的发展，企业也开始踏入互动式营销时代，社交媒体网络与品牌类似，也存在同质化现象。所以，企业要找到适合自身社交策略的社交网络，选择对目标用户有效的平台，企业还可以组织相关线下的推广活动，实现与用户的面对面互动。或者在线上结合社交网络，配合与邮件营销类似的营销方式，做到多管齐下就能事半功倍。

2.3.3 线下促销与线上联动

针对对应节假日以及相关热词活动周期的相关产品推出特价、套餐、折扣、满减、满赠、抽奖、会员专享、积分兑换、定制赠品等线上活动，这些都是多年不变，而且颇有效果的套路，如图 2-23 所示。

图 2-23 满减活动

2.3.4 线上借势

更换平台 Banner，借势节日热点，这应该是最基本的套路了。可将店铺、官网、

Facebook、PC 广告等的图片更换成节日的主题营销活动页面,而页面侧重主题形象还是活动内容,则不尽相同。

2.3.5　添加社交媒体分享按钮

企业需要为消费者提供一流的客户服务和最优质的产品,并通过消费者的分享建立良好口碑。在电子商务网站上加入社交媒体分享按钮可以为客户在其社交媒体网络上分享产品提供捷径,从而吸引新访问者,为网站带来更多流量,如图 2-24 所示。

图 2-24　添加社交媒体分享按钮

2.3.6　建立着陆页

建立自己的着陆页,让买家留下信息,提醒后期会不断送礼物,以培养买手群体和测评群体。在着陆页上下功夫,通过转发多少个朋友就能得到福利的方式进而引发裂变营销,如图 2-25 所示。

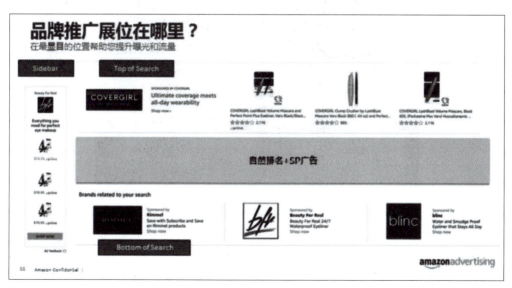

图 2-25　建立着陆页

2.3.7 社群营销

社群营销也是跨境电子商务营销的方式之一,直播、网红的出现是电商营销方式的改变和社群经济的兴起。

KOL(关键意见领袖)助力

人类的心理有一个特点,就是很喜欢听取他人的建议,尤其如果"对方"是一个值得信赖的对象,那么人们更容易被这个建议所左右。因此,如果借由网红推广产品,就能与你的受众建立更紧密的联系。而且这些网红给出的产品评论对于增加销售量和提升整体营销策略大有帮助。

一项研究显示,企业在网红营销上每花 1 美元就能赚 6.5 美元,可见网红营销的影响力是巨大的。如果你不知道从何处开始着手网红营销策略,可以先从处于你所在利基市场并且拥有超过 1 万粉丝的人开始,然后与他们洽谈营销合作事宜。最重要的是,需要确保你的受众一定程度上将这些人视为"思想领袖"(关键意见领袖:Key Opinion Leader,简称 KOL)。

产品和店铺经过网红的推广并且广受好评的话,对卖家来说不仅是一个口碑宣传,对后期自建站的信任度也会有所提升。正常情况下,外国人都是能接受自建站的,但是通过多方搜索与论证后才会放心购买,因为网红的推广给品牌做了背书,增强了用户的信任感,这样既提高了销量,同时还提升了排名,如图 2-26 所示。

图 2-26 网红直播带货

海外网红市场也不断成熟,如 YouTube—视频网红,主要以创意、搞怪、唱歌、舞蹈等才艺为主;Facebook—社交网红,主要以社会热点、时事等话题性的东西为主;Instagram—照片网红,主要以美女、健身、摄影等美的东西为主,如图 2-27 所示。

网红一方面是以内容为王的,与此同时,只要是网红,就必须对网络引擎优化(SEO)

图 2-27　Facebook—社交网红

有清晰的概念,同样的内容如何让自己获得更多的访问也是网红需要做的功课。当网红开始做商业性质的产品推广时,也是对产品关键词、品牌关键词和自建站排名的一个优化过程。

从平台上获取的流量一般为平台所用,不开放给卖家,于是,如果有合作的网红,在合作的内容上添加可以追踪数据的短链接,由此可以清晰地掌握高质量和潜在的客户,了解用户行为,改进后续的营销策略。

综上,社群营销趣味化等特点,能够带来大量流量,受到跨境电子商务企业的追捧。社群经济的崛起给跨境电子商务带来了更有潜力的发展空间,社群经济可能促使从人群、价值观、兴趣等角度进行细分的垂直电商的崛起。

根据店铺定位决定是否设置相关的产品,如果店铺定位涉及相关热词标签,则应安排一款产品直接录入相关关键词,如情人节、Rihanna、Kardashian 等,加强对应关键词的关联。

2.3.8　海报/文案等借势营销

品牌的 Social 借势营销早已成了戒不掉的瘾。无论是传统节日(如万圣节),还是网络造节(如黑色星期五购物狂欢节),相关的话题基本上都不会少。能否挖掘产品的亮点,并和节假日完美嫁接,这便是关键。

2.3.9 相关话题营销

根据产品特点,围绕节日推出相关话题,如在感恩节则推出感恩节相关的或有趣或有争论性的话题,而品牌常打的温情牌无外乎号召粉丝一起感恩、晒年代照等。另一方面,热搜话题是 Facebook、Twitter 以及 Instagram 等平台当前最火爆的内容营销新趋势,热搜词有助于企业在合适的时间获取合适的受众,把目标受众吸引到其网站上。总之,我们的目的是粉丝互动和内容分享。

2.3.10 广告联盟

Affiliate Program 是一种国外流行的互联网营销模式。1996 年,美国互联网上效果型网络广告(Affite Program)的构思被提出,特别是 Amazon 采用了这个 Program 迅速成长起来,并渗透美国,也使 AffiliateProgram 发展成为当今最流行的营销手法之一。

Affite Program 参与者(称为 affite)注册参加广告商的联盟计划,获得一个特定的只属于这个参与者的联盟计划链接。把这个链接放在自己的网站上,或者通过任何其他方式推广这个链接。当有用户通过单击这个链接来到广告商的网站后,联盟计划程序会对用户的单击、浏览、销售进行跟踪。如果用户在广告商的网站上完成了指定的行动,广告商将向站长支付预先规定好的佣金,如图 2-28 所示。

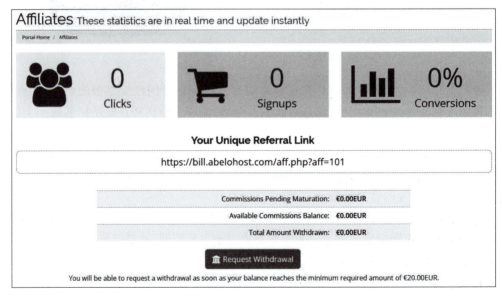

图 2-28 Affiliate Program

Affite Program 主要有 3 种付费方式:按单击付费(pay perclick,ppc);按引导付费(pay per lead,ppl);按销售付费(pay per sale,pps)。

主流的广告联盟包括 Google Adsense 以及诸多第三方联盟,Affiliate 推广者精通海外营销和广告投放,他们拥有较为优质的流量渠道和合作资源,通过自己承担广告费的模式将广告主的产品或者服务推广出去,然后赚取佣金的差价,这一模式导致他们对 ROI

(投资回报率)非常关注,而他们最常使用的也是数据分析工具,可以分析究竟转化了多少流量。

2.3.11 视频营销

电视和电影是故事的始祖。视频自然而然成为讲述故事的最佳载体:它使观众身临其中,产生共鸣。

视频营销不是市场营销的新概念,多年来它不断发展,与1941年诞生的第一个电视广告早已不同。随着互联网的发展,YouTube、Facebook和Instagram这类社交媒体平台出现,电视广告已经不是视频营销的唯一方式,如图2-29所示。

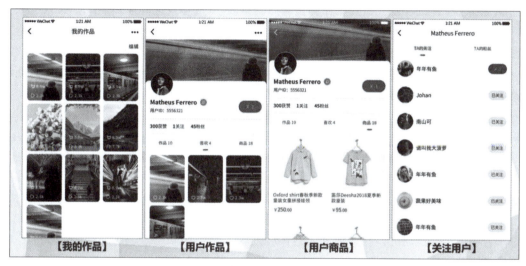

图2-29 短视频+社交电商

在美国,广告主支付的网络广告费用在2017年首次超越电视广告费用。

视频营销可以更好地展示产品,使信息更吸引人,也是易于与人分享。视频营销可以获得更高的品牌信任度,在视频里放上顾客的评论可以增加品牌的信任度。

2.3.12 店铺自主营销

速卖通平台为卖家提供了四大营销工具,分别是限时限量折扣、全店铺打折、满件折/满立减和店铺优惠券,通常把这4种营销工具统称为店铺自主营销。在店铺运营过程中,卖家需要有针对性地使用这些营销工具。店铺自主营销活动基本规则如下。

(1)活动生效时间。限时限量折扣活动设置12小时后生效;全店铺打折、满件折/满立减活动设置24小时后生效;店铺优惠券活动设置1~2小时后生效。

(2)限时限量折扣、全店铺打折、店铺优惠券活动可跨月设置,但会同时扣减两个月的活动数量;满件折/满立减活动开始和结束的日期必须在同一月内。

(3)限时限量折扣活动在开始前6小时内、全店铺打折和满件折/满立减活动在开始前12小时内处于"等待展示"状态,此时无法修改活动信息。店铺优惠券活动若处于"展示中"状态,也无法修改活动信息或关闭活动。

（4）优惠生效规则。限时限量折扣活动的优先级大于全店铺打折活动，即当两个活动时间重叠时，优先展示限时限量折扣活动信息，限时限量折扣活动结束后，再展示全店铺打折的活动信息。满件折/满立减和店铺优惠券活动可以和其他活动同时进行。折扣产品以折后价（包括运费）计入全店铺满立减金额。

同时，设置多种营销活动，能够在某些产品上产生叠加优惠的活动效果，更容易促使买家下单。

1. 限时限量折扣活动

限时限量折扣活动可以增加店铺人气、活跃气氛、调动客户购买的积极性。此活动适合推广新产品、打造爆款、清理库存和优化产品排名。

2. 全店铺打折活动

全店铺打折活动可以说是店铺自主营销的"四大利器"之首，尤其是对于新店铺，活动效果明显，它能快速提高店铺销量、信用等级和综合曝光率。

3. 满件折/满立减活动

每月活动总数量为 10，活动总时长为 720 小时；不可跨月设置活动时间；满足活动条件的商品会自动减免，与店铺优惠券可叠加使用；活动至少提前 24 小时设置。

4. 店铺优惠券活动

店铺优惠券活动可以提高客单价，刺激客户下单，为店铺引入流量。店铺优惠券活动的设置比较灵活，既可以设置小金额的优惠券，也可以设置使用门槛。国外客户对优惠券有很好的使用习惯，领到优惠券的大多数客户会把优惠券用掉。

店铺优惠券活动分为领取型优惠券活动、定向发放型优惠券活动、金币兑换优惠券活动、秒抢优惠券活动和聚人气优惠券活动 5 种。

综上所述，跨境电子商务营销方法有很多，但核心思想离不开这几方面：首先了解目标市场、目标用户、现有资源；然后明确发展思路，梳理推广方法，进行执行并不断调试完善，不断创新思路；最后做到极致，坚持不懈。

第 3 章
跨境电子商务选品

知识导读

跨境电子商务是指通过互联网连接,用户在网络平台进行商品选择、支付并购买的消费模式。对跨境电子商务而言,选品起着至关重要的作用,只有正确判断客户需求,选好品,抓住客户需求建设产品供应链以及物流链,才能在竞争中取胜。本章的学习有利于认识跨境电子商务选品对其发展的重要性。

学习目标

- 了解跨境电子商务的原则
- 利用数据分析平台选品
- 掌握电商物流方式和资源优势

能力目标

- 熟练操作平台,获取有用信息
- 掌握选品的原则和要求

3.1 跨境电子商务选品原则

"七分靠选品,三分靠运营",对跨境电子商务企业而言,选品决定着企业的成败,所以要深入缜密地研究,正确判断客户需求,争取选好品、抓客户、建设供应链以及物流链,才能在竞争中立于不败之地。以下是跨境电子商务的五大原则。

1. 选择最舍得花钱的目标消费群体
2. 分析产品利益点在消费者心目中的迫切性地位
3. 分析产品的基本心理属性与利益属性
4. 分析产品所处的行业发展阶段
5. 分析产品的价格可比性

3.1.1 判断目标市场的用户需求和流行趋势

市场需求是指一定的顾客在一定的地区、一定的时间、一定的市场营销环境和一定的市场营销计划下对某种商品或服务愿意而且能够购买的数量。流行趋势是指一个时期内社会或某一群体中广泛流传的生活方式,是一个时代的表达。

正确判断市场用户需求和流行趋势对企业生产具有重大意义,一定程度上决定了企业未来的发展。

3.1.2 适应跨境电子商务的物流运输方式

跨境电子商务的发展带来了跨境物流等关联要素的发展与变化,尤其对跨境物流的影响最深。区别于传统国际物流,跨境电子商务物流有反应快速化、功能集成化、作业规范化、信息电子化、服务系统化等特征;相较于国内物流,跨境电子商务物流具有广阔性、国际性、高风险性、高技术性、复杂性等特征。目前,跨境电子商务物流模式主要有:邮政快递模式、货到付款(cash on delivery,COD)物流模式、国内快递模式、国际快递模式、海外仓储模式。

跨境电子商务在选择合适的跨境物流前,一般会根据所售产品的特点(如尺寸、安全性、保质期、通关便利性等)选择合适的物流模式。同时,根据销售的淡旺季不同,也会权衡时效和成本的利弊,灵活调整物流模式,在不同跨境物流商间进行选择。

3.1.3 判断货源优势

在满足以上条件的情况下,还需要考虑自身是否有货源优势。对于初级卖家,如果其所处地区有成规模的产业带,或者有体量较大的批发市场,则可以考虑直接从市场上寻找现成的货源。在没有货源优势的情况下,再考虑从网上寻找货源。

有一定销量基础并且已经积累了销售经验的卖家,能够初步判断哪些商品的市场接受度较高,可以考虑寻找工厂资源,针对比较有把握的产品,进行少量下单试款。

对于经验丰富并具有经济实力的卖家,可以尝试先预售,确认市场接受度后再下单生产,这样可以减少库存压力和现金压力。

3.2 市场调研

市场调研(market research)是一种把消费者及公共部门和市场联系起来的特定活动——这些信息用以识别和界定市场营销机会和问题,产生、改进和评价营销活动,监控营销绩效,增进对营销过程的理解。

3.2.1 网站数据观察

观察跨境电子商务平台的买家界面,可以收集有助于选品的信息。下面用黑格增长进行说明。

在黑格增长(HaGro)平台上,数据一栏从不同维度展开,产生很多分支,如图 3-1 所示。

- 海关数据:通过产品关键词搜索全球各地区海关、航运、过境数据,数据实时更新且提供企业决策人联系方式。

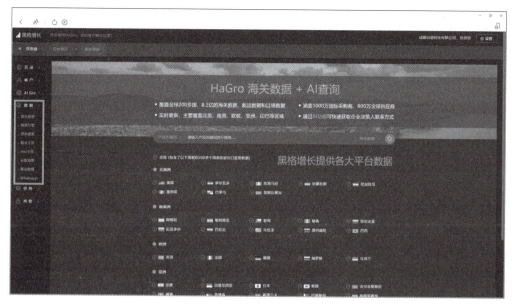

图 3-1 "数据"界面

- 数据介绍：HaGro 的海关数据整合了各国官方的真实、权威贸易数据，支持产品、企业、港口、产地等多条件搜索，提供全球进出口商之间的最新贸易交易数据，实现对行业、采购商、竞争对手等多角度全方位的分析、评估。
- 服务内容：采购商数据库、竞争对手数据库、产品贸易趋势分析、竞争区域分析、需求区域分析、买家采购趋势分析、买家供应链分析、买家采购渠道分析、竞争对手贸易趋势分析、竞争对手采购链分析、竞争对手贸易渠道分析。
- 服务价值：
  ① 掌握全部真实采购商以及采购商的详细交易信息；
  ② 了解采购商的采购周期、采购频率、采购量价以及供应商构成；
  ③ 主动把控买家采购行为，准确评估买家贸易资信；
  ④ 有效维护老客户，及时挽回已流失客户；
  ⑤ 掌握全球竞争对手的详细出口信息；
  ⑥ 了解竞争对手的最新贸易动态、出口状况以及其采购商分布；
  ⑦ 全面监测竞争对手的贸易动向，及时调整企业发展战略；
  ⑧ 有效避免市场恶意竞争，提升企业市场竞争力；
  ⑨ 目前可以提供对中国公开海关交易数据且随时更新的 27 个国家的交易信息。
- 搜索引擎：实时获取全球搜索引擎收录的独立网站数据，收录独立站的可见联系方式，如图 3-2 所示。
- 领英搜索：通过 LinkedIn 这一职场社交平台发布动态搜索，获取会员信息。
- 脸书主页：通过 Facebook 获取企业主页、联系方式、粉丝数等信息。已获取 Facebook 主页数 8155 万！带 Email4312 万。Facebook 主页搜索如图 3-3 所示。

图 3-2 搜索引擎数据

图 3-3 Facebook 主页搜索

- 谷歌地图:通过关键字、国家、城市检索企业信息,动态获取企业数据,如图 3-4 所示。
- 展会数据:获取展会采购商数据,如图 3-5 所示。
- Instagram 主页搜索:已获取 Instagram 主页数 1165 万,如图 3-6 所示。

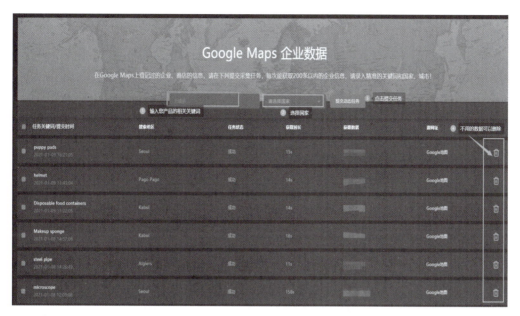

图 3-4　谷歌地图

图 3-5　展会数据

3.2.2　常用数据分析平台

（1）Google Analytics：是著名互联网公司 Google 为网站提供的数据统计服务。可以对目标网站进行访问、数据统计和分析，并提供多种参数供网站拥有者使用。

（2）百度统计：是百度推出的一款免费的专业网站流量分析工具，能够告诉用户访客是如何找到并浏览用户网站的，在网站上做了些什么，这些信息可以帮助用户改善访客在用户网站上的使用体验，不断提升网站的投资回报率。

图 3-6　Instagram 主页搜索

（3）Talkingdate：国内领先的数据服务提供商，服务内容从基本的数据统计，到深入的数据分析、挖掘，可以为移动互联网企业提供全方位的大数据解决方案。

（4）QuestMobile：QuestMobile 旗下有多条数据服务产品线，覆盖数据统计、数据分析、挖掘，可以为企业提供完整的移动大数据解决方案，完善企业内部数据运营，绘制移动产品生命周期全貌，建立移动用户全视角画像，推演行业竞品行进轨迹。

（5）艾媒咨询：作为全球领先的移动互联网第三方数据挖掘与整合营销机构，艾媒咨询是中国第一家专注于移动互联网、智能手机、平板电脑和电子商务等产业研究的权威机构。

3.2.3　观察流行趋势

趋势一：全球贸易链正在重构，品牌出海的机遇前所未有

疫情之下，海外消费者因减少了出行，导致线下零售商受到巨大冲击，从而减少了商品的采购，进而导致传统出口贸易链条中的所有中间环节受到毁灭性破坏，全球贸易链正在重构。

在这样的重构中，线上化的、个性化的、流通高效的、因去中间环节而呈现超性价比的 DTC 品牌迎来了历史性机会。未来 3~5 年将是中国品牌出海的历史性时间窗口。

趋势二：2022 年，市场分化加剧，独立站和小语种市场势能变大

雨果的一份卖家调研报告显示，受访的几百位卖家中，有 34% 的卖家明确计划在 2022 年布局独立站业务，另有 20% 卖家在考虑，亚马逊卖家溢出的趋势会愈发明显。亚

马逊提高门槛,同时不少卖家面临年终旺季库存滞销,因此在2022年伊始会有越来越多的亚马逊卖家启动独立站业务。

此外,2022年,市场分化的趋势还会更加激进,除亚马逊等主流平台,以及独立站业务模式外,也会有越来越多的卖家开启他们的小语种电商平台业务。

趋势三:2022年行业迎来上市大年,未来资本市场会形成"出海品牌集群"

跨境出口电商在2020年的爆发,吸引了大批资本的关注,市场信心倍增。安克创新、杰美特、晨北科技等大卖,以高市盈率成功上市,引发资本市场轰动。2022年,品牌出海企业融资、上市等事件将更加频繁,更多的企业将借助资本运作进入新一轮发展周期。

第 4 章 跨境电子商务法律法规

知识导读

跨境电子商务本质上仍然是商务活动,需要在法律的框架下合法进行,不仅要遵守本国法律法规,也要了解业务所在地的相关法律法规。本章内容主要包括电子商务相关法律法规,跨境电子商务贸易、商务、运输、知识产权相关法律法规,跨境电子商务监管相关法律法规,世界主要国家和地区跨境电子商务法律法规四部分,旨在了解跨境电子商务相关法律法规并在法律法规的指导下进行合理的商务活动。

学习目标

- 了解电子商务相关法律法规
- 了解跨境电子商务运营与监管相关条例
- 了解世界主要国家与地区的跨境电子商务相关法规

能力目标

- 熟悉本国电商相关条例
- 熟悉世界主要国家与地区的跨境电子商务相关法规
- 进行跨境电子商务活动时遵循各国法律条例

4.1 电子商务相关法律法规

4.1.1 电子商务法的调整对象

调整对象是立法的核心问题。根据电子商务的内在本质和特点,电子商务法的调整对象应当是电子商务交易活动中发生的各种社会关系,这类社会关系是广泛采用新型信息技术并将这些技术应用于商业领域后才形成的特殊社会关系,它交叉存在于虚拟社会和实体社会之间,有别于实体社会中的各种社会关系,且完全独立于现行法律的调整范围。

4.1.2 电子商务参与各方的法律关系

1. 电子商务交易中买卖双方当事人的权利和义务

(1) 卖方的义务：
① 按照合同的规定提交标的物及单据；
② 对标的物的权利承担担保义务；
③ 对标的物的质量承担担保义务。

(2) 买方的义务：
① 应承担按交易规定方式支付价款的义务；
② 应承担按合同规定的时间、地点和方式接受标的物的义务；
③ 应承担对标的物验收的义务。（标的物：当事人双方权利、义务指向的对象）

2. 对买卖双方不履行合同义务的救济

(1) 卖方：
① 要求卖方履行合同义务，交付替代物或对标的物进行修理、补救；
② 减少支付价款；
③ 对迟延或不履行合同的情况要求损失赔偿；
④ 解除合同，并要求损害赔偿。

(2) 买方：
① 要求买方支付价款、收取货物或履行其他义务，并为此规定合理额外的延长期限，以便买方履行义务；
② 损害赔偿，要求买方支付合同价格与转售价之间的差额；
③ 解除合同。

4.1.3 网络交易中心的法律地位

(1) 网络交易中心在电子商务中介交易中扮演着介绍、促成和组织者的角色，决定了交易中心既不是买方的卖方，也不是卖方的买方，而是交易的居间人。

网络交易中心的设立条件：
① 是依法设立的企业法人或事业法人；
② 具有相应的计算机信息网络、装备及技术人员和管理人员；
③ 具有健全的安全保密管理制度和技术保护措施；
④ 符合法律和国务院规定的其他条件。

(2) 网络交易中心应当认真负责地执行买卖双方委托的任务，并积极协助双方当事人成交，在进行介绍、联系活动时要诚实、公正、守信用。

(3) 网络交易中心必须在法律许可范围内进行活动。所经营的业务范围、物品价格、收费标准都应严格遵守国家规定。

(4) 买卖双方各自因违约而产生的违约责任风险应由违约方承担，而不应由网络交易中心承担。因买卖双方的责任而产生的对社会第三人(包括广大消费者)的产品质量责任和其他经济、行政、刑事责任也概不应由网络交易中心负责。

4.1.4 网络交易客户与虚拟银行间的法律关系

网络交易客户与虚拟银行之间的关系是以合同为基础的。

银行需承担责任的形式通常有以下 3 种。

(1) 返回资金,支付利息;

(2) 补足差额,偿还余额;

(3) 偿还汇率波动导致的损失。

4.1.5 认证机构在电子商务中的法律地位

(1) 认证中心扮演着一个买卖双方签约、履约的监督管理的角色,买卖双方有义务接受认证中心的监督管理。在整个电子商务交易过程中,包括电子支付过程中,认证机构都有不可替代的地位和作用。

(2) 隶属国家工商局的电子商务认证机构的功能主要是:接收个人或法人的登记请求,审查、批准或拒绝请求,保存登记者登记档案信息和公开密钥,颁发电子证书等。

(3) 电子商务认证机构对登记者履行以下监督管理职责:

① 监督登记者按照规定办理登记、变更、注销手续;

② 监督登记者按照电子商务的有关法律法规,合法从事经营活动;

③ 制止和查处登记人的违法交易活动,保护交易人的合法权益。

(4) 登记者有下列情况之一的,认证机构可根据情况分别给予警告、报告国家工商管理局、撤销登记的处罚:

① 登记中隐瞒真实情况,弄虚作假的;

② 登记后非法侵入机构的计算机系统,擅自改变主要登记事项的;

③ 不按照规定办理注销登记或不按照规定保送年检报告书,办理年检的;

④ 利用认证机构提供的电子证书从事非法经营活动的。

4.1.6 电子签名法律

电子签名也称作"数字签名",指用符号及代码组成电子密码进行"签名"来代替书写签名或盖章,采用规范化的程序和科学化的方法,用于鉴定签名人的身份及对一项数据电文内容信息的认可。

确立电子签名法律效力,主要解决以下两个问题。

(1) 通过立法确认电子签名的合法性、有效性;

(2) 明确满足什么条件的电子签名才是合法、有效的。

4.1.7 电子合同法律

从我国当前电子商务开展的情况看,基本上有以下 3 种合同履行方式。

(1) 在线付款,在线交货。此类合同的标的物是信息产品。

(2) 在线付款,离线交货。此类合同的标的物是信息产品或非信息产品。

(3) 离线付款,离线交货。此类合同的标的物是信息产品或非信息产品。

4.1.8 域名法律保护

域名商业价值的发现,导致将他人商标、商号、服务标记等注册为域名的现象大量发生,为了扼制这种现象,美国通用顶级域名管理机构网络名称及编码分配公司(ICANN)于1999年8月26日通过了《统一域名争议解决办法》,规定提起域名争议解决程序应同时满足以下3个条件。

(1) 提起争议的域名与投诉人所持有的商标或服务标记相同或具有误导性的相似。

(2) 域名持有人对该域名本身并不享有正当的权利或合法的利益。

(3) 域名持有人对域名的注册和使用均为恶意。

4.1.9 电子商务相关法律法规

我国目前电子商务类法律法规主要有《软件企业认定标准及管理办法试行》《软件产品管理办法》《中华人民共和国计算机信息系统安全保护条例》《计算机信息网络国际联网安全保护管理办法》《中华人民共和国计算机信息网络国际联网管理暂行规定1997》《互联网信息服务管理办法》《公安部关于对与国际联网的计算机信息系统进行备案工作的通知》《计算机信息网络国际联网出入口信道管理办法》《计算机信息系统国际联网保密管理规定》《中华人民共和国电子签名法》《信息网络全保护条例》以及《民法通则》《刑法》《反洗钱法》《合同法》《著作权法》《商标法》等相关章节的规范,再就是工商行政管理部门的规章。准确地说,电子商务目前相关规范还不是很健全,存在部门分散、多头管理、责任不明确等问题,因而监管与监督还存在薄弱环节。不过,随着电子商务的往来、制度的完善、行政以及主管机关的健全,会逐步落实到实处。

4.2 跨境电子商务监管相关知识

1. 跨境电子商务监管存在的法律问题

跨境电子商务是商业模式的变革,这种新型商业模式的出现对我国传统法律体系提出了新的要求。从当前跨境电子商务的法律问题看,最突出的仍然是涉及商品质量的监督和维权问题,法律体系不健全往往导致跨境消费者权益保护不足,一些不法分子利用电商平台进行欺诈、非法交易、虚假宣传、侵害消费者权益等违法行为,使得顾客的支付信息等隐私被非法泄露,跨境交易活动的安全性无法得到保障。与此相关的跨境法律还不完善,相关的管理还存在漏洞,这也使得不法行为得不到及时和有效的惩治。

2. 海关通关效率

跨境贸易电子商务在交易过程中不可避免地会涉及海关通关监管与征税。大量的货物通过快件渠道和邮递渠道进境,对海关的监管方式与征税带来了更高的要求。而面对跨境获取的邮递与退换等问题,现行的海关监管模式仍不能很好地解决。一些电子商务企业在跨境贸易方面已经出现一些问题,特别是难以快速通关与规范结汇。因此,相关企业和社会均迫切期待海关进一步提高通关效率。

4.3 世界主要国家与地区跨境电子商务法律法规

1. 美国

美国是全球电子商务发展最早最快的国家,它不仅是世界上最大的在线零售市场,也是全球最受欢迎的跨境市场。美国在电子商务方面制定了《统一商法典》《统一计算机信息交易法》和《电子签名法》等多部法律,其中,《统一计算机信息交易法》为美国网上计算机信息交易提供了基本的法律规范。《统一计算机信息交易法》属于模范法的性质,并没有直接的法律效力,但在合同法律适用方面比如格式合同法律适用等问题,融合了意思自治原则和最密切联系原则,最大限度地保护了电子合同相对人的合法权益。

美国在电商的课税问题上一直坚持税收公平、中性的原则,给予电商一定的自由发展空间。美国从1996年开始实行电子商务国内交易零税收和国际交易零关税政策。1998年,美国国会通过《互联网免税法案》,规定三年内禁止对电商课征新税、多重课税或税收歧视。2001年,国会决议延长了该法案的时间。直到2004年,美国各州才开始对电子商务实行部分征税政策。2013年5月6日,美国通过了关于征收电商销售税的法案——《市场公平法案》,仍然沿用对无形商品网络交易免征关税的制度。对入境包裹关税起征点为200美元,其综合关税由关税和清关杂税构成。

在2013年跨境电子商务交易中,美国网站是在线交易的最主要目的地,占全部交易的45%。美国政府出台了一系列的法律和文件,采用鼓励投资、税收减免等措施,营造促进电子商务发展的便利环境。

2. 欧盟成员国

欧盟共同贸易政策是由欧盟成员国统一执行的对外贸易政策、海关税则和法律体系。其内容最初仅涉及改变关税税率、缔结关税和贸易协定等。1999年5月,欧盟签署生效《阿姆斯特丹条约》,将进出口政策覆盖范围从之前只包括货物贸易扩展到大部分服务贸易,2003年2月签署生效《尼斯条约》,又扩展到所有服务贸易,以及与贸易相关的知识产权。2009年12月又签署生效《里斯本条约》,进一步扩大了欧盟在FDI(外商直接投资)领域中贸易政策的权限。

欧盟要求所有非欧盟国家数字化商品的供应商要在至少一个欧盟国家进行增值税登记,并就其提供给欧盟成员国消费者的服务缴纳增值税。增值税征收以商品的生产地或劳务的提供地作为判定来源地,并且对于电子商务收入来源于欧盟成员国的非欧盟企业,如果在欧盟境内未设立常设机构,则应在至少一个欧盟成员国注册登记,最终由注册国向来源国进行税款的移交。其中,德国对来自欧盟和非欧盟国家的入境邮包、快件执行不同的征税标准。除药品、武器弹药等限制入境外,对欧盟内部大部分包裹进入德国境内免除进口关税。对来自欧盟以外国家的跨境电子商务商品,价值在 22 欧元以下的,免征进口增值税;价值在 22 欧元及以上的,一律征收 19% 的进口增值税。商品价值在 150 欧元以下的,免征关税;商品价值在 150 欧元以上的,按照商品在海关关税目录中的税率征收关税。

1998 年,欧盟开始对电子商务征收增值税,对提供网上销售和服务的供应商征收营业税。1999 年,欧盟委员会公布网上交易的税收准则:不开征新税和附加税,努力使现行税特别是增值税更适应电子商务的发展。为此,欧盟加紧对增值税的改革。2000 年 6 月,欧盟委员会通过法案,规定对通过互联网提供软件、音乐、录像等数字产品应视为提供服务,而不是销售商品,和目前的服务行业一样征收增值税。在增值税的管辖权方面,欧盟对提供数字化服务实行在消费地课征增值税的办法,也就是由作为消费者的企业在其所在国登记、申报并缴纳增值税。只有在供应商与消费者处于同一税收管辖权下时,才对供应商征收增值税。这可以有效防止企业在不征增值税的国家设立机构以避免缴税,从而堵塞征管漏洞。

3. 俄罗斯

在电子商务方面,俄罗斯是世界上最早进行立法的国家之一,它颁布了一系列法律法规,包括《俄罗斯信息、信息化和信息保护法》《电子商务法》《电子合同法》《电子文件法》《俄联邦因特网商务领域主体活动组织的建议》《电子商务组织和法律标准》《提供电子金融服务法》《利用全球互联网实现银行系统的信息化法》《国际信息交流法》《俄联邦电子商务发展目标纲要》《国家支付系统法》《电子签名法》《电子一卡通法》及电子商务税收有关的法律等。

4. 巴西

巴西外贸委员会是巴西对外贸易政策的最高决策机构,发展、工业和外贸部是对外贸易政策的执行部门。巴西联邦税务总局是海关事务的主管部门,隶属于财政部,负责制定和执行海关政策、征收关税,以及实施海关监管制度等。巴西中央银行是外汇兑换的管理部门。

巴西主要的海关程序都包含在 2002 年 12 月 26 日的第 4543 号法令中,其后的 5138 号法令对其进行了修改。关税管理的主要法律制度是 1994 年 12 月 23 日第 1343 号法令。主要的进口措施都编撰在 2003 年 12 月 1 日的《进口管理规定》中。出口措施都包括在 2003 年 9 月 3 日的第 12 号《出口管理规定》中。

5. 韩国

韩国于 2002 年颁布了《电子商业基本法》,对电子商务涉及的多方面法律问题进行了较为原则性的规范,包括电子信息、数字签名、电子认证、电子商务安全保证、消费者权益保护、行业促进政策制定等。对电子商务安全性的规定,包括对保护个人信息的规定和对电子交易者保证电子信息交易系统安全的规定;对保障消费者权益的规定,既规定了政府在保护电子交易消费者的合法权益方面的责任,还特别规定了电子交易者和网上商店经营者等成立损害赔偿机构的责任;对促进电子商务发展的规定,包括政府应制定促进电子商务发展的政策和方案,该法对方案的具体内容做出了规范;采取促进电子商务标准化的措施;加强多方面的信息技术开发;税收优惠和补贴政策。此外,还包括国际合作、机构成立及职责设置等规范。

6. 日本

日本在跨境贸易方面制定了一系列法律法规,包括《外汇及对外贸易管理法》《进出口交易法》《贸易保险法》和《日本贸易振兴法》等,根据有关进出口的法律,日本政府还颁布了《输入贸易管理令》和《输出贸易管理令》,日本经济产业省则颁布了具体的《输入贸易管理规则》和《输出贸易管理规则》。

《外汇及对外贸易管理法》规定日本的对外交易活动可自由进行,政府部门仅在必要时采取最低限度的管理和调控。《进出口交易法》允许日本的贸易商在价格、数量等贸易条件方面进行协同,以及结成诸如进出口协会之类的贸易组织,必要时政府可以通过行政命令对外贸进行调控。该法同时确立对外贸易的秩序,以实现对外贸易健康发展。在此基础上,日本政府制定了《输入贸易管理令》和《输出贸易管理令》对货物进行具体分类并加以管理。

7. 新加坡

1998年,新加坡为了推动本国电子商务的发展,颁布了《电子交易法》。该法主要涉及电子签名、电子合同的效力、网络服务提供者的责任3个与电子商务有关的核心法律问题,明确了电子签名的效力,规定了特定类型的安全电子签名技术及其法律意义,使用电子签名者的义务、电子签名安全认证机构的义务等重要问题;明确了电子合同的法律有效性,合同不能仅因采用电子形式效力就受到影响;明确了网络服务提供者的责任,对于其无法控制的第三方电子形式的信息造成的问题,不应让网络服务提供者承担民事或刑事责任,即便第三方利用网络服务提供者的网络系统传播了违法或侵权的信息。

新加坡于2000年8月31日发布了电子商务的税收原则,确定了有关电子商务所得税和货物劳务税的立场。

8. 印度

为促进电子商务的发展,印度于1998年制定了《电子商务支持法》,内容涉及电子商务具体的交易形式,以及证据、金融、刑事责任方面的内容,具有较强的操作性。该法在亚洲是制定得较早的电子商务法案,在体例上也具有明显的独特性,它从法律上明确了针对传统交易方式制定的法律不能因电子商务的新型交易方式而造成障碍,而且在证据、金融、刑事责任方面该法也有具体的规定,有很强的操作性。

为了给电子商务中基于电子数据交换的交易行为提供法律支持,印度信息产业部于1999年以联合国《电子商务示范法》为蓝本制定了《信息技术法》,该法明确了电子合同、电子签名的法律效力,规定了网络民事和刑事违法行为的法律责任,以保障电子商务的安全性和便捷性。2003年,印度政府又对《信息技术法》进行了修订,明确了电子票据的法律效力。2008年12月,印度政府对《信息技术法》再次进行修订,通过《信息技术(修订)法案》,对不适应电子商务发展的规定进行了修订,如将"数字签名""数字认证"修订为"电子签名""电子认证"等,同时针对一些新出现的网络违法犯罪形式,增加了网络犯罪的种类。

第 5 章 跨境电子商务贸易术语

知识导读

跨境电子商务贸易术语是跨境电子商务的重要知识,是在海外交易过程中需要熟练掌握并且运用的,是沟通交流的必备知识。本章将介绍贸易术语及其含义、适合任何方式的贸易术语、适合海运及内河运输的贸易术语和跨境电子商务商品报价。

学习目标

- 了解跨境电子商务的贸易术语
- 了解跨境电子商务的商品报价

能力目标

- 熟练运用跨境电子商务的贸易术语
- 掌握不同前提下的贸易术语
- 掌握跨境电子商务商品报价

5.1 贸易术语及其含义

贸易术语(trade terms)也被称为价格术语(price terms),是在长期的国际贸易实践中产生的,用来表示成交价格的构成和交货条件,确定买卖双方风险、责任、费用划分等问题的专门用语。贸易术语在跨境电子商务中发挥着重要作用:

(1)有利于买卖双方洽商交易和订立合同。每种贸易术语对买卖双方的义务都有统一的解释,这样有利于买卖双方明确各自的权利和义务,早日成交。

(2)有利于买卖双方核算价格和成本。各种贸易术语对于成本、运费和保险费等各项费用由谁负担都有明确的界定,这样买卖双方比较容易核算价格和成本。

(3)有利于解决履约中的争议。由于贸易术语由相关的国际惯例解释,对买卖双方在交易中的争议,可通过国际贸易惯例解释。

常见的贸易术语有以下10种。

FOB:是 Free on Board 或 Freight on Board 的英文缩写。其中文含义为"装运港船

上交货(……指定装运港)"。使用该术语,卖方应负责办理出口清关手续,在合同规定的装运港和规定的期限内,将货物交到买方指派的船上,承担货物在装运港越过船舷之前的一切风险,并及时通知买方。

本条中风险转移规则已经《2010年国际贸易术语解释通则》修改,装运港货物装运上船后,风险转移给买方。(由于2000年解释通则规定之越过船舷风险转移,是否越过船舷不便于举证,故而修改。)

C&F:即Cost and Freight的英文缩写,其中文含义为"成本加运费"。使用该术语,卖方负责按通常的条件租船订舱并支付到目的港的运费,按合同规定的装运港和装运期限将货物装上船并及时通知买家。

CIF:即Cost Insurance and Freight的英文缩写,其中文含义为"成本加保险费、运费"。使用该术语,卖方负责按通常条件租船订舱并支付到目的港的运费,在合同规定的装运港和装运期限内将货物装上船并负责办理货物运输保险,支付保险费。

FCA:即Free Carrier的英文缩写,其中文含义为"货交承运人"。使用该术语,卖方负责办理货物出口结关手续,在合同约定的时间和地点将货物交由买方指定的承运人处置,及时通知买方。

CPT:即Carriage Paid to的英文缩写,其中文含义为"运费付至指定目的地"。使用该术语,卖方应自费订立运输契约并支付将货物运至目的地的运费。办理货物出口结关手续后,在约定的时间和指定的装运地点将货物交由承运人处理,并及时通知买方。

CIP:即Carriage and Insurance Paid to的英文缩写,其中文含义为"运费、保险费付至指定目的地"。使用该术语,卖方应自费订立运输契约并支付将货物运至目的地的运费,负责办理保险手续并支付保险费。办理货物出口结关手续后,在指定的装运地点将货物交由承运人照管,以履行其交货义务。

EXW:即EX Works的英文缩写,其中文含义为"工厂交货(指定的地点)"。使用该术语,卖方负责在其所在处所(如工厂、工场、仓库等)将货物置于买方处置之下即履行了交货义务。

FAS:即Free Alongside Ship的英文缩写,其中文含义为"船边交货(指定装运港)"。使用该术语,卖方负责在装运港将货物放置码头或驳船上靠近船边,即完成交货。

DAT:即Delivered At Terminal (insert named terminal port or place of destination),其中文含义为"运输终端交货"。使用该术语,卖方在合同中约定的日期或期限内将货物运到合同规定的港口或目的地的运输终端,并将货物从抵达的载货运输工具上卸下,交给买方处置时即完成交货。

DAP:即Delivered At Place(insert named place of destination),其中文含义为"目的地交货(插入指定目的港)"。使用该术语,卖方必须签订运输合同,支付将货物运至指定目的地或指定目的地内的约定的点所发生的运费;在指定目的地将符合合同约定的货物放在已抵达的运输工具上交给买方处置时即完成交货。

国际贸易惯例:是指根据长期的国际贸易实践中逐步形成的某些通用的习惯做法而制定的规则。国际贸易惯例虽然不是法律,不具有普遍的法律拘束力,但按各国的法律,在国际贸易中都允许当事人有选择适用国际贸易惯例的自由,一旦当事人在合同中采用了某项惯例,它对双方当事人就具有法律约束力。有些国家的法律还规定,法院有权按照有关贸易惯例解释双方当事人的合同。以下是几个常见的国际惯例。

《国际贸易术语解释通则》(2000 年)。

《跟单信用证统一惯例》(1993 年)。

《托收统一规则》(1995 年)。

《国际保付代理惯例规则》(1994 年)(国际保理商联合会颁布)。

《见索即付保函统一规则》(1992 年)。

5.2 适合任何方式的贸易术语

贸易术语归类导图如图 5-1 和图 5-2 所示。

贸易术语	交货地点	风险转移界限	出口报关的责任、费用由谁负担	进口报关的责任、费用由谁负担	适用运输方式
EXW	商品产地、所在地	买方处置货物后	买方	买方	任何方式
FCA	出口国内地、港口	承运人处置货物后	卖方	买方	任何方式
FAS	装运港口	货交船边后	卖方	买方	水上运输
FOB	装运港口	货物装上沿	卖方	买方	水上运输
CFR	装运港口	货物装上沿	卖方	买方	水上运输
CIF	装运港口	货物装上沿	卖方	买方	水上运输
CPT	出口国内地、港口	承运人处置货物后	卖方	买方	任何方式

图 5-1 贸易术语归类导图(一)

贸易术语	交货地点	风险转移界限	出口报关的责任、费用由谁负担	进口报关的责任、费用由谁负担	适用运输方式
CIP	出口国内地、港口	承运人处置货物后	卖方	买方	任何方式
DAT	运输终端	买方处置货物后	卖方	买方	任何方式
DAP	指定目的地(边境目的港进口国内)	货物交给买方控制后	卖方	买方	任何方式
DDP	进口国内	买方在指定地点收货后	卖方	卖方	任何方式

图 5-2 贸易术语归类导图(二)

5.2.1 EXW

术语 EXW 可适用于任何运输方式,也可适用于多种运输方式。

"工厂交货"是指当卖方在其所在地或其他指定地点(如工厂、车间或仓库等)将货物交由买方处置时,即完成交货。卖方不需将货物装上任何前来接收货物的运输工具,需要清关时,卖方也无须办理出口清关手续。

特别建议双方在指定交货地范围内尽可能明确具体交货地点,因为货物到达交货地点之前的所有费用和风险都由卖方承担。买方则需承担自此指定交货地的约定地点(如有的话)收取货物所产生的全部费用和风险买方须自负,以获得任何出口、进口许可证或其他官方许可(export/import license or official authorization),并办理货物出口和进口的一切通关手续。

EXW 注意事项如下。

适合于国内贸易,但当 EXW 用于国际贸易时,卖方不负责取得出口许可证或其他出口许可条件。

卖方应将交货时间、地点及时通知买方。

11 个术语中,只有 EXW 需要买方办理出口通关手续,如买方无能力在出口地办理通关手续,则不宜采用 EXW。

若买方不按约定收取货物,或交货时间、地点由买方决定时,买方没有及时决定,交货时间一到,货物风险与费用得以提前转移,但前提是货物已划归本合同项下,而且卖方仍有保全货物数量、质量的义务。

包装问题:卖方应自费作运输包装。前提是,买方及时通知卖方运输情况。

卖方不办理主要运输和保险,交易价格未包含主要运费及保险费,但是应买方请求,卖方须提供买方投保所需的信息(风险和费用在于买方)。

5.2.2 FCA

术语 FCA 可适用于任何运输方式,也可适用于多种运输方式。

"货交承运人"是指卖方在卖方所在地或其他指定地点将货物交给买方指定的承运人或其他人。由于风险在交货地点转移至买方,特别建议双方尽可能清楚地写明指定交货地内的交付点。

如果双方希望在卖方所在地交货,则应当将卖方所在地址明确为指定交货地。如果双方希望在其他地点交货,则必须确定不同的特定交货地点。

如适用时,FCA 要求卖方办理货物出口清关手续,但卖方无义务办理进口清关,支付任何进口税或办理任何进口海关手续。

卖方必须在合同规定的交货期内,在指定地或地点将经出口清关的货物交给买方指定的承运人监管。FCA 是在 FOB(Free on Board,装运港船上交货)的基础上发展起来的,适用于各种运输方式,特别是集装箱和多式运输的一种术语。

采用术语 FCA,应注意以下问题。

(1) 交货点和风险转移:卖方必须在指定的交货地点,在约定的交货日期或期限内,将货物交付给买方指定的承运人或其他人,或将货物交给由卖方按照 A3a 选定的承运人或其他人。

交货在以下时候完成:① 若选定的地点是卖方所在地,则当货物被装上买方指定的承运人或代表买方的其他人提供的运输工具时(与 EXW 区别);②若指定的地点不是①,而是其他任何地点,卖方只须将货物交给承运人,在自己所提供的运输工具上完成交货。

(2)卖方代为安排运输:无义务。但是,如果买方请求,或如果这是一种商业惯例以及买方未在适当的时间内给予相反的指示,卖方可按通常条件订立运输合同,而由买方负担风险和费用。在任何一种情况下,卖方可以拒绝订立运输合同,如果他拒绝,则须立即通知买方。

(3)货物集合化的费用负担。

5.2.3　CPT

CPT 指卖方支付货物运至指定目的地的运费。卖方要在合同中约定的日期或期限内,将合同中规定的货物交给卖方自己指定的承运人或第一承运人,完成其交货义务。

CPT 注意事项如下。

(1)风险划分界限问题:按照《2010 通则》的解释,在 CPT 条件下,存在两个关键点,即风险转移点和费用转移点。风险转移点在先,费用转移点在后。所以,货物运输途中的风险由买方承担,但费用由卖方承担。

(2)责任与费用的划分问题:买卖双方要在合同中规定装运期和目的地,以便卖方选定承运人,自费订立运输合同,将货物由通常路线和惯常方式运往指定的目的地,如果买方有权决定发货时间或目的地,买方要及时通知卖方,以便于卖方交货。

卖方将货物交给承运人后,应向买方发出货已交付通知,以便于买方办理保险,在目的地受领货物。

卖方只承担从交货地点到指定目的地的正常运费。正常运费之外的其他有关费用,一般由买方承担。

货物的装卸费可以包括在运费中,统一由卖方负担,也可以由双方在合同中另行规定。

5.2.4　CIP

CIP 指卖方除须承担在 CPT 术语下同样的义务外,还须对货物在运输途中灭失或损坏的买方风险取得货物保险,订立保险合同,并支付保险费。

CIP 注意事项如下。

(1)风险和保险:货物运输途中的风险属于买方,但保险责任由卖方承担。卖方应按双方约定险别、保险额投保;若无约定,卖方按最低责任险投保,最低保险金额为合同价款加成 10%,并以合同货币投保。

(2)应合理确定价格:卖方在对外报价时,要认真核算成本和价格,在核算时,应考虑运输距离、保险险别,对买方来讲,也要对卖方的报价进行认真分析,做好比价工作,以免接受不合理的报价。

5.2.5 DAP

DAP(目的地交货)为《2010通则》的新增术语,与《2000通则》的DDU(未完税交货)相当,可适用于任何运送方式,包含运输全程适用一种以上的运输方式。DAP是指当卖方在指定目的地将仍处于抵达的运输工具之上,且已做好了卸载准备的货物交由买方处置时,即为交货。卖方承担将货物运送到指定地点的一切风险。

由于卖方承担在特定地点交货前的风险,因此特别建议双方尽可能清楚地约定指定目的地内的交货点。建议卖方取得完全符合该选择的运输合同。如果卖方按照运输合同在目的地发生了卸货费用,除非双方另有约定,卖方无权向买方要求偿付。

如适用时,DAP要求卖方办理出口清关手续,但是卖方无义务办理进口清关、支付任何进口税或办理任何进口海关手续。如果双方希望卖方办理进口清关、支付所有进口关税,并办理所有进口海关手续,则应使用术语DDP(税后交货)。

卖方交货:卖方须在合同议定日期或期间交货,在(进口地)指定目的地(named place of destination),将货运送到指定地点,未从承运人的运输工具上卸载但准备卸载(ready for unloading)未办妥进口通关的货物,交买方处置时,风险和费用也在此划分。

5.2.6 DDP

进口国内地完税后交货,卖方将货物运至进口国指定地点,可供买方收取时即履行交货义务。卖方负担货物交至该处的一切风险和费用(包括关税、税捐和其他费用,并办理货物进口清关手续)。

地理条件:水运方式,铁路、公路等多种运输方式。

限制:有些国家规定以CFR或CIF条件出口,指定本国船公司运输及保险公司投保。

运费及保费的考虑:有些出口商和船公司或保险公司有良好的关系或契约,可享受优惠费率,则可选择由卖方安排运输和/或保险;若运费及保费有上涨/下跌趋势,则可采用FOB/CIF或CFR条件。

DDP卖方主要义务如下。

(1) 订立将货物按照通常路线和习惯方式运往进口国约定地点的运输合同,并支付运费。

(2) 在合同规定的时间、地点,将货物置于买方控制之下。承担在指定目的地约定地点将尚未卸下的货物交给买方控制之前的一切费用和风险。

(3) 自负费用和风险,取得出口和进口许可证和其他官方文件,并办理货物出口和进口的一切海关手续,承担相关费用。

(4) 提交商业发票或具有同等作用的电子信息,并提供通常的交货凭证。

交易习惯:日本业者习惯用FOB,中东业者习惯用CFR。

5.2.7　DAT

DAT(运输终端交货)为《2010 通则》的新增术语,可适用于任何运送方式,包含运送全程适用一种以上的运输方式。

卖方交货:卖方须在合同议定日期或期间交货,在(进口地)目的港或目的地的指定终站(terminal at port or place of destination),将已运送到指定地点并已从承运的运输工具上完成卸载(once unload)但尚未办妥进口通关的货物,交付买方处置。

5.2.8　FSA

术语 FSA 的英文为 Free Alongside Ship(named port of shipment),即"船边交货(……指定装运港)",指卖方在指定的装运港码头或驳船上把货物交至船边,从这时起买方须承担货物灭失或损坏的全部费用和风险。另外,买方须办理出口结关手续。本术语适用于海运或内河运输。

5.2.9　FAS

术语 FAS 的英文为 Free Alongside Ship(named port of Shipment),即"船边交货(……指定装运港)"。指卖方在指定的装运港码头或驳船上把货物交至船边,从这时起买方须承担货物灭失或损坏的全部费用和风险。另外,买方须办理出口结关手续。本术语适用于海运或内河运输。

5.2.10　CFR 或 C&F

术语 C&F 的英文为 Cost and Freight(named port of shipment),即"成本加运费(……指定目的港)"。指卖方必须支付把货物运至指定目的港所需的开支和运费,但从货物交至船上甲板后,货物的风险、灭失或损坏以及发生事故后造成的额外开支,在货物越过指定港的船舷后,就由卖方转向买方负担。另外,要求卖方办理货物的出口结关手续。本术语适用于海运或内河运输。

5.2.11　贸易术语的选择

(1) 买卖双方的市场优势:若是卖方市场,卖方可选择对其较有利的 EXW、FAS 或 FOB 条件。

(2) 当事人的能力:若买方的营销能力强,卖方所在地设有分支机构、代办处,可办理出口手续,则可采用 EXW 条件;相应地,能力强的卖方可采用 DDP。

(3) 运输方式:以海运方式运输的合同可采用 FAS、FOB、CIF、CFR,而 EXW、FCA、CPT、CIP、DAT、DAP 和 DDP 可适用任何运输方式。

(4) 货物的种类:若成交的是 general cargo,多数以定期租船运输为主,需要预订,采用 CFR、CIF、CPT 或 CTP,由卖方在出口地负责安排运输事宜。若成交货物为大众物资或散装货,则多以不定期船运输,采用 FOB 术语时,由买方委托卖方安排运输。

5.3　适合海运及内河运输的贸易术语

5.3.1　FAS

术语 FAS(free alongside ship,船边交货)仅用于海运或内河水运。

FAS 是指当卖方在指定的装运港将货物交到买方指定的船边(例如,置于码头或驳船上)时,即为交货。货物灭失或损坏时买方承担自那时起的一切费用。

由于卖方承担在特定地点交货前的风险和费用,而且这些费用和相关作业费可能因各港口惯例不同而变化,因此特别建议双方尽可能清楚地约定指定装运港内的装货点。

卖方应将货物运至船边或取得已经这样交运的货物。此处使用的"取得"一词适用于商品贸易中常见的交易链中的多层销售(链式销售)。

当货物装在集装箱里时,卖方通常将货物在集装箱码头移交给承运人,而非交到船边。这时,术语 FAS 不适合,应当使用术语 FCA。

如适用时,FAS 要求卖方办理出口清关手续,但卖方无义务办理进口清关、支付任何进口税或办理任何进口海关手续。

5.3.2　FOB

术语 FOB(free on board,船上交货)仅用于海运或内河水运。

FOB 是指卖方以在指定装运港将货物。装上买方指定的船舶或通过取得已交付至船上货物的方式交货。货物灭失或损坏的风险在货物交到船上时转移,同时买方承担自那时起的一切费用。

卖方应将货物在船上交付,或者取得已在船上交付的货物。此处使用的"取得"一词适用于商品贸易中常见的交易链中的多层销售(链式销售)。

FOB 可能不适合货物在上船前已经交给承运人的情况,例如,用集装箱运输的货物通常在集装箱码头交货。在此类情况下,还应当使用术语 FCA。

如适用时,FOB 要求卖方出口清关,但卖方无义务办理进口清关、支付任何进口税或办理任何进口海关手续。

5.3.3　CFR

术语 CFR(cost and freight,成本加运费)仅用于海运或内河水运。

CFR 是指卖方在船上交货,或以取得已经这样交付的货物方式交货。货物灭失或损坏的风险在货物交到船上时转移。卖方必须签订合同,并支付必要的成本和运费,将货物运至指定的目的港。

当使用 CPT、CIP、CFR 或者 CIF,卖方按照所选择术语规定的方式将货物交付给承运人时,即完成其交货义务,而不是货物到达目的地之时。

由于风险转移和费用转移的地点不同,因此术语 CFR 有两个关键点。虽然合同通常都会指定目的港,但不一定都会指定装运港,而这里是风险转移至买方的地方。如果装运港对买方具有特殊意义,特别建议双方在合同中尽可能准确地指定装运港。

由于卖方要承担将货物运至目的地具体地点的费用,因此特别建议双方应尽可能确切地指定目的港内的明确地点。建议卖方取得完全符合该选择的运输合同。如果卖方按照运输合同在目的港交付点发生了卸货费用,则除非双方事先另有约定,卖方无权向买方要求补偿该项费用。

卖方需要将货物在船上交货,或以取得已经这样交付运往目的港的货物方式交货。此外,卖方还需签订一份运输合同,或者取得一份这样的合同。此处使用的"取得"一词适用于商品贸易中常见的交易链中的多层销售(链式销售)。

CFR 可能不适于货物在上船前已经交给承运人的情况,例如,用集装箱运输的货物通常在集装箱码头交货。在此类情况下,应当使用术语 CPT。

如适用时,CFR 要求卖方办理出口清关,但卖方无义务办理进口清关、支付任何进口税或办理任何进口海关手续。

5.3.4　CIF

术语 CIF(cost insurance and freight,成本、保险费加运费)仅用于海运或内河水运。

CIF 是指卖方在船上交货或以取得已这样交付的货物方式交货。货物灭失或损坏的风险在货物交到船上时转移。卖方必须签订合同,并交付必要的成本和运费,以将货物运至指定的目的港。

卖方还要为买方在运输途中货物的灭失或损坏风险办理保险。买方应注意到,在 CIF 下卖方仅需投保最低级别。如买方需要更多的保险保护,则需与卖方明确达成协议,或者自行做出额外的保险安排。

当使用 CPT、CIP、CFR 或者 CIF 时,卖方按照所选择的术语规定的方式将货物交付给承运人时,即完成交货义务,而不是货物到达目的地之时。

由于风险转移和费用转移的地点不同,因此术语 CIF 有两个关键点。虽然合同通常都会指定目的港,但不一定都会指定装运港,而这里是风险转移至买方的地方。如果装运港对买方具有特殊意义,特别建议双方在合同中尽可能准确地指定装运港。

由于卖方需承担将货物运送至目的地具体地点的费用,因此特别建议双方应尽可能确切地指定目的港内的明确地点。建议卖方取得完全符合该选择的运输合同。如果卖方按照运输合同在目的港发生了卸货费用。则除非双方事先另有约定,卖方无权向买方要求补偿该项费用。

卖方需要将货物在船上交货,或以取得已经这样交付运往目的港的货物方式交货。此外,卖方还需签订一份运输合同,或者取得一份这样的合同。此处使用的"取得"一词适用于商品贸易中常见的交易链中的多层销售(链式销售)。

CIF 可能不适于货物在上船前已经交给承运人的情况,例如,用集装箱运输的货物通常在集装箱码头交货。在此类情况下,应当使用术语 CIP。

如适用时,CIF 要求卖方办理出口清关,但卖方无义务办理进口清关、支付任何进口税或办理任何进口海关手续。

5.4 跨境电子商务商品报价

5.4.1 定价总述

1. 做跨境电子商务产品如何进行有效的定价

1) 供应商的价格基础

在跨境平台对商品定价前,应清楚地了解商品的采购价格处于这个行业价格的什么水平,也就是供应商的价格是不是具备优势。对于跨境电子商务经营,成功选择一个优质的供应商是重中之重,优质的产品,卓越的产品研发能力,良好的电商服务意识,更重要的是,供应商给你的价格必须具备市场竞争力,这样你才可以拥有足够的利润空间做运营和推广。

2) 实际综合成本

开店的目的是赢利,所以要非常清楚产品的成本,它是后期对产品定价的基础。商品的实际成本一般由下面几点组成:进货成本(产品价格+快递成本+破损率)+跨境平台的成本(包括推广成本、平台年费、活动扣点)+跨境物流成本+售后维护成本(包括退货、换货、破损率)+其他综合成本(包括人工成本、跨境物流包装成本等)。

很多卖家喜欢以竞争对手的价格定位自己产品的价格,其实这样的定价是一个误区,因为影响卖家定价的因素有很多。

有经验的大麦都有自己的定价公式:

产品售价=产品成本+平台佣金+期望利润+其他

FBA 产品售价=产品成本+平台佣金+FBA 头程费用+期望利润+其他

亚马逊大部分类目的销售佣金为 15%,其他费用卖家会将推广成本、税务成本、人工成本计入其中。

注意:定价也不是一成不变的,卖家仅以此为标准,在旺季、促销、折扣的时候可以改动价格,但要保证有利润。

3) 排名规则

有的平台有"千人千面"的算法,会根据买家不同的消费能力,进而匹配不同价格的产品,所以,即使是同样的产品,也可以卖出不同的价格。淘宝就是这个算法,有兴趣的读者可以了解一下。

有的平台没有这个算法,但有"从低价先查看"的选项,这也会影响。试想买家如果从低价查看,你有信心自己排在最前面? 如果不是,有信心转化吗? 如果是,还有利润吗?

4) 同款产品

你的产品是否已有人做,如果有,他们的价格又是多少? 有些时候可能就是自己定价不对,才导致不出单。

例如,将产品设置为 14.99 元,但竞争对手的同款全都是 9.99 元,这种情况下卖不出去也正常。要经常从买家视角看产品,不要在后台自嗨。

5）经济水平

例如，做欧美发达国家和做东南亚的发展中国家，定价肯定也不一样。东南亚国家中，新加坡的经济最好，如果是做新加坡地区，定价可以比其他地方高一些。

6）消费人群

例如，使用苹果手机 iPhone X 的人群，除了个别任性的用户，经济能力不会比一般人差，理论上 iPhone X 的配件可以卖得更贵一些。因为有这种消费能力的人，更在乎的是质量，而不是性价比。

苹果手表、无人机、各种智能产品的消费人群也是如此。用这个逻辑反向思考购买你产品的可能是一些什么人群。如果更多的是学生，那么他们可能对价格更敏感。

7）男女习惯

整体上看，女性消费频率高，单次购买金额低；而男性消费频率低，但单次购买金额高。以书包为例，女性可以一年买 3 个书包，甚至更多，而男生可能一个书包用 3 年。

根据这个特点，在男包方面重点突出质量，可以把价格定得高一些。

8）难易程度

例如，在 1688 上面搬产品，越是你能轻易获得的，竞争越大，就越无法高价，因为竞争对手也一样。当然，同样从 1688 上拿货，也可能不一样，如大批量进货，降低进货价。

而门槛越高的产品，由于其有别人没有或很难有的功能，因此可以设置高价，因为消费者没得选。

9）低价引流

有些产品可以特别设置成低价来引流，放小利润或设置小亏，然后通过组合在其他产品里赚钱。

例如，满 30 美元免邮活动，可以设置一款 9.99 美元没利润的产品，客户为了参加满 30 美元免邮活动，会再购买其他产品，这样就可以从其他产品上赚钱了。

10）综合考虑

上面的情况是一个个区分的，但有时情况复杂多变，还是以书包为例，即使男性愿意付出更多的钱，但如果依旧是满大街经常见到的款式，竞争激烈，也一样无法卖出高价。

而即使在东南亚国家，也未必不能高价，卖家把有些产品设置成高价，就是为了筛选掉消费能力低的用户。例如，同样卖手表，有的人喜欢设置高价，卖贵不卖多，卖一单抵别人几十单；但也有的人喜欢设置低价，走量，细水长流。

2. 影响产品价格的因素

1）产品成本

产品成本主要指购买产品的成本或者生产制造的成本。

2）产品价值

对于买家来说，最重要的是商品的价值。简单来说，价值是潜在顾问对产品及其他同类已知可替代的所有利益与所有成本的差额。

产品价值通过产品功能、产品设计、耐用性、给用户营销的可靠性体现。

这几点，卖家需要通过营销才能让用户感知。

用户对产品的感觉是卖家刻意营造的结果,故做好精细化运营的同时,积极利用平台规则展示产品价值,这一点很重要。

产品功能、产品设计、耐用性这些是产品一经生产,客观上就存在的事实。

展示买家最在乎的点,不是不说其他点,而是要在有限时间、有限篇幅内容上尽可能快地吸引用户关注,所以,从买家角度出发分析产品是必要的,也是必须的。

3) 运输费用

(1) 无论选择自发货还是FBA,都需要把运输费用计算到产品的成本中,FBA的费用大概包含几方面:仓储费、订单处理费、分拣包装费、称重处理费,以及一些不常用的其他付费服务。

(2) FBA费用＝Fulfillment Fees(执行费)＋Monthly Storage Fees(月仓储费)＋Inventory Placement Service(入库清点放置服务费)。

(3) Fulfillment Fees(执行费)＝Order Handling(订单处理费)＋Pick&Pack(分拣包装费)＋Weight Handling(称重处理费)。

(4) 仓储费包括正常仓储费和长期滞销仓储费。正常仓储费几乎可以忽略不计,长期滞销仓储费随着放置仓库时间越长,单位费用也会越贵。

4) 平台佣金

亚马逊卖家销售产品,不同的品类需要支付不同的佣金。

5) 利润空间

选择产品时,要考虑产品本身是否有市场,利润有多少等问题。

6) 其他成本

其他成本包括产品营销推广费用、人工成本,以及后期促销的费用。

3. 定价误区

(1) 新品刚发布的时候,价格不能频繁修改。

(2) 定价不能过低,否则没有利润。

(3) 定价不能过高,如果你的产品是一个新品,没有回馈,也没有任何市场反馈,价格却定得很高,那么注定会没有销量。

(4) 需要注意的是"给用户营造的可靠性"这一容易被忽略的点。营销如何将产品价值最大化,简单来说即品牌营销。品牌营销是一个系统活,不断地推发广告,大范围、高频式轰炸,短期有效,长期则无效。

想让用户认可产品价值,接受价值背后的价格,卖家必须研究产品定位、目标群体消费及心理特征、谁是竞争对手。

5.4.2 不同的定价时期

在跨境电子商务平台销售产品时,为了实现好的销量,除提供优质的产品和服务外,价格对消费者至关重要。因此,卖方有必要掌握一定的定价技巧。其次,以产品生命周期为时间轴,分析每个时段的定价策略。

1. 新产品上市日期

在市场上销售新产品时,销售者应避免使用低价的方法吸引流量。相反,销售者应该从产品本身入手,客观分析产品,然后根据不同的产品制定定价方案。一般有两种定价方案:

第一种方案是,新产品有自己的光环,有非常明显的优势,恰好是市场上受到消费者追捧的热门产品,卖家可以定一个更高的价格,然后在产品热度逐渐降低后再适当降价;

第二种方案中,新产品的优势不明显,与同类产品相比竞争力较弱。在这种情况下,为了迅速打开产品市场,卖家可以降低价格。但是,定价必须在充分考虑产品成本和利润的基础上,否则买家会低估产品的价值,甚至怀疑你是在销售假货,而不是赚取应得的利润。

2. 产品成长期

在新产品推出期,无论选择何种定价方案,卖家都能顺利达到产品成长期,并且卖家已经积累了一定数量的忠实粉丝。同时,该产品还具有一定的销量基础、高度赞扬等指标。一般来说,销售量应该处于稳步上升阶段。此时,卖家可以稍微提价,当然,有必要找一家,可以合理地说,这里提价的目的是让价格比竞争对手的价格低一点。

3. 产品成熟期

产品成熟期销量相当稳定,排名、流量、销量等指标都很好。它们在市场上积累了很多人气。各方面的数据表明,这些产品很受欢迎。此时,产品更能代表品牌形象和店铺定位,卖方可以把价格定为高于市场价。

4. 产品衰退期

涨跌互现是各行业的发展规律,尤其是单一产品的销售。市场火爆后,产品将逐渐进入衰退期,消费者忠诚度也将下降,市场需求将逐渐减弱,销量和利润也将比以前低很多,因此销售商不需要继续推销产品。如果有库存,可以清仓,如全折、打折、包邮、搭售等。

此外,掌握上述定价策略后,卖方还应充分考虑可能影响定价的相关因素,例如市场因素、运输成本、广告和营销成本。

5.4.3 常见的定价方法

要想在跨境电子商务平台获取不错的销量,除了产品和服务以外,产品价格对于消费者来说是一个重要因素。定价并不是一件容易的事,对于跨境电子商务来说,错误的定价方式可能让利润和销量同时流失。

市面上关于新品定价的策略有很多,比如竞争对手定价策略、产品价值电商定价、低价渗透定价、根据地区消费力定价、根据市场情况定价、高价定位、折扣定位等产品定价方法。常见的定价方式有如下 3 种。

1. 尾数定价法

现在国内超市商品定价都是这个策略,你可以看到很多商品定价都是9.9元、19.9元,就是为了迎合消费者低价的心理,9.9元与10元虽说只相差1角,但是给人感觉是两个不同的档位,相比较一下会有便宜的感觉,刺激消费。所以,给商品定价时,可以采用尾数定价法给消费者制造便宜的错觉。

2. 标高价|标低价法

如果你的产品是新奇特产品,拥有超高的价值,或是独家产品,有价格优势,可以把价格稍微调高,以确保利润。

如果你的产品为小配件、跟卖产品,或是同质化严重、价值比较低的产品,可以选择标低价法增加销量。

3. 跑量还是跑利

对于货源稳定、不良率低、MQO大、采购周期长的产品,一般采取跑量策略,价格可以稍微调低一点。

对于货源不稳定、不良率高、MQO小、采购周期短的产品,一般采取跑利策略,作为试销产品,库存量很小,价格可以调高一点,确保利润,商品即使没卖完,也无关紧要。

一个新品从研发、生产、上架到销售,卖家不仅要研究自己所做行业的市场,还要研究相关行业(与本行业有互补性)。行业和行业之间不是独立关系,它们之间彼此影响,卖家要基于全行业、全平台考虑问题。结合市场对产品进行分析,同时借鉴对手的经验,产品卖得好或不好均有原因,找到核心原因,好的借鉴,不好的避免入坑。

跨境电子商务的最终目的是获得利润,这就要求在运营者制定的价格对顾客有足够吸引力的前提下,确保自己能获得不错的利润。

第 6 章 全球搜平台简介

知识导读

全球搜是成都谷道科技有限公司旗下核心产品之一,它以 SaaS(软件即服务)平台架构为基础进行外贸建站、以谷歌搜索引擎为核心进行优化推广,通过 109 种多语言建站系统、领先的 SEO 技术、多渠道营销推广技术、AI(人工智能)获客系统、社交营销和自动化营销系统,为企业提供多元、高效、高转化的外贸营销解决方案,帮助企业快速获得大量海外精准询盘,转化更多订单。全球搜的运行不仅还需要基本操作运行,在学会并熟悉全球搜具体操作后,我们还需要大概知道全球搜后台运行的其他相关工具,并利用这些工具优化对全球搜网站的使用,从而提高操作效率。本章将简单介绍全球搜后台运行相关知识,如访问后台网站、AMP(Accelerated Mobile Pages)站、相关教程以及系统设置等,希望用户能够通过操作优化使用体验,为跨境电子商务的实施夯实基础。

学习目标

- 了解全球搜的诞生背景和发展过程
- 熟悉全球搜售后服务体系
- 了解访问网站等工具的作用
- 掌握访问网站等工具的使用方法

能力目标

- 熟知全球搜平台的功能
- 掌握全球搜平台的架构
- 掌握全球搜售后服务体系
- 了解访问网站等工具的作用
- 掌握访问网站等工具的使用方法

6.1 简 介

6.1.1 发展历程

- 2018 年 10 月,全球搜与商务部中国国际电子商务中心正式签订战略合作协议,精诚合作,将以全球顶尖的互联网技术、大数据人工智能以及专业团队,积极推动中国企业对外贸易发展,实现国际贸易的转型升级。
- 2019年1月17日,全球搜合作伙伴峰会在成都成功举办。
- 2019年12月4—5日,第五届全球跨境电子商务大会在浙江金华金义景澜酒店召开,成都谷道科技有限公司发布了升级版本全球搜ⅴ5.0,旨在进一步提升产品的核心竞争力,以及为用户提供更好的服务体验。

6.1.2 综合功能

全球搜是由成都谷道科技有限公司打造的用于优化企业外贸营销的平台,为全球搜索引擎获客提供一站式解决方案。全球搜分为速达、网站、产品、数据、AI、工具、黑格增长、其他8个板块,具有快速精准获取市场信息,了解市场发展新动态,便捷搜寻全球范围内热门特色新品、价格最实惠产品,优化与挖掘关键词,简单高效获取客户采购线索,通过AI挖掘行业行为大数据等强大功能。

6.2 全球搜总部售后服务体系

1. 技术经理

① 技术经理是整个全球搜技术团队的中层核心,负责日常技术工作的协调处理,对整个技术分部起领导管理、培训指导的作用。

② 负责客户项目技术难点等技术性问题,致力于带领整个团队打造优质精美的全球搜客户项目。技术经理专业能力强、技术能力出众,是技术团队最重要的支撑。

2. 项目经理

① 把控整个项目进程,及时安排网站技术助理及技术总监工作。

② 检查客户提供的资料,清理待提供资料,并告知客户,通知相应技术助理进行资料的上传,给出相应上传时限。客户提供资料,技术助理上传资料后,引导客户进行下一步资料的补充。

③ 对客户的修改要求,应有基本的前端常识,在沟通好客户的情况下,给出专业意见,正确引导客户修改网站。

④ 发给客户关键词确认书以及运营通知函(产品上传完成后就可以开始关键词拓展了)客户回传以后,提交网站审核工单,通知客户进行域名解析等,协调域名转移工作。

3. 技术助理

① 搭建网站框架,后台接口调试,修改网站框架(增值服务项目)。

② 上传网站基本内容、排版网站单页面内容、上传网站产品内容、修改网站布局、修改网站颜色等。了解客户行业,理解客户需求,与客户充分沟通。

③ 审核网站必备资料完善程度,检查网站程序报错。

4. 设计师

① 评估标题样式,提出整改方案。
② 网站 Banner 广告设计。
③ 企业 Logo 设计(增值服务项目)。
④ 定制网站的全面设计,包括定制首页、定制产品页、定制详情页。

5. 优化师

① 负责目标网站的整站优化,意在提高企业站点的整体排名,从而为产品销售、服务转化提供源源不断的流量支持。
② 主要负责 SEO 项目实施计划的制订、实施、监控,并且定期做数据分析,为 SEO 的结果负责,深度优化企业产品的转化。

6. 品控质检师

① 网站上线前对网站进行检查,确认无重大问题后,网站方可上线。
② 网站上线后定期排查问题,及时发现问题并督促相关人员的解决问题。

7. 售后技术助理

① 网站正式上线后,应客户需求,对新的网站单页面内容排版进行调整、上传网站产品内容、修改网站布局和网站颜色等。
② 优化期间的网站维护及问题的解决与处理。

8. 售后服务经理

① 优化期间的网站主要负责人,优化期间项目交流群内的第一回复人。
② 解答客户疑虑,对接网站修改问题。
③ 提供后台教学帮助,提供网站运营教学帮助。

6.3 访问网站

6.3.1 简介

访问网站可以直接访问相关产品以及其详细信息,同时也会展示公司文化和联系方式。

6.3.2 操作指南

外贸工具集合页面如图 6-1 所示。
单击访问网站图标,进入访问网站主界面(见图 6-2),了解更多的相关信息。

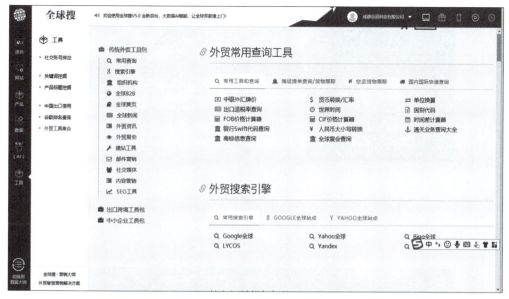

图 6-1　外贸工具集合页面

图 6-2　全球搜简介栏

（1）快速检索栏：包括相关公司信息、其他产品简介、相关新闻、用户常见问题解答，以及负责人、联系方式。

（2）产品中心：介绍该公司的其他产品以及产品简介、订单数量、产品详情等，如图 6-3 所示。

（3）新闻：发布公司的最新资讯，如新产品的供应能力、最小订单数量、离岸价等，如图 6-4 所示。

（4）更多产品：显示其他相关产品以及其产品信息，如图 6-5 所示。

第 6 章　全球搜平台简介　67

图 6-3 产品中心页

图 6-4 新闻页

图 6-5 更多产品页

6.4 免费礼包

6.4.1 简介

平台免费赠送的外贸营销解决方案大礼包,关于"流量排名都 OK,独立站转化率依旧不高,怎么回事"的主题,单击免费礼包即可领取。

6.4.2 操作指南

(1) 单击菜单栏中礼物标志的免费礼包,如图 6-6 所示。

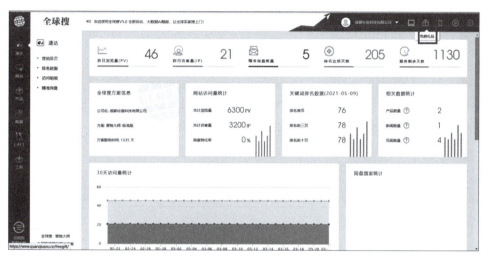

图 6-6　营销首页

(2) 单击"点击下载"按钮,等待页面跳转,如图 6-7 所示。

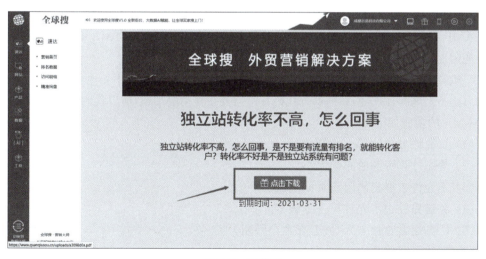

图 6-7　下载页

第 6 章　全球搜平台简介　69

（3）A区是页面跳转之后的项目栏,是文字阅读的各种工具,单击打印标志还可以打印免费赠送的礼包内容;B区是免费礼包的赠送内容,滑动鼠标即可阅读,总共10页,如图6-8所示。

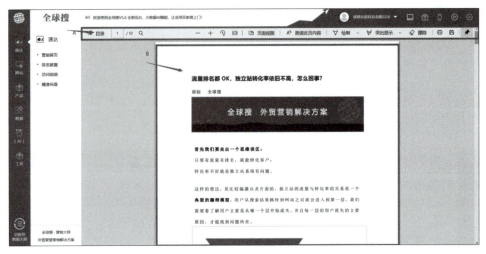

图6-8 跳转后页面

6.5 AMP 站

6.5.1 简介

AMP 站介绍:AMP 是移动页面加速器 Accelerated Mobile Pages 的简称,是 Google 带领开发的开源项目,目的是提升移动设备对网站的访问速度。它的核心称作 AMP HTML,是一种新型的 HTML。

AMP 由 AMP HTML、AMP JavaScript 和 AMP Cache 3 部分组成。

AMP HTML 是一种新的 html,在图像显示等方面使用与 HTML 不同的专用标签,另外还限制了 HTML 部分功能的使用。

手机打开自适应网站的速度不如电脑,原因是手机的性能普遍不如电脑,所以处理数据的能力比不上电脑,由于网站的部分代码并不需要在移动端加载,所以我们可以使用 AMP。

AMP 的功能如下。

(1) 只允许异步的 Script 装载。

(2) 静态计算资源的布局大小。

(3) 不允许扩展机制阻止页面生成。

(4) 关键路径中不允许第三方脚本。

(5) CSS 通常直接嵌入,并且有大小限制。

(6) 字体下载优化。

(7) 最小化样式重新计算。

(8) 只运行 GPU(图形处理器)加速的动画。

(9) 资源装载的优先级管理。

6.5.2 操作指南

(1) 单击 AMP 站的标志将会显示如图 6-9 所示的画面。

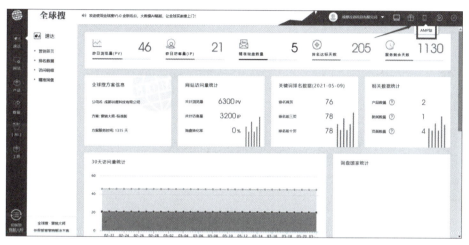

图 6-9 在营销首页单击 AMP 站的标志

(2) 输入账户名及密码,之后单击"登录"按钮即可,如图 6-10 所示。

图 6-10 登录页面

6.6 相关教程

6.6.1 简介

相关教程(见图 6-11)包含大量关于系统的教学内容,可以针对使用者在使用过程中产生的一些问题给出解答，为使用者在使用过程中更快地上手提供了便利。

图 6-11　相关教程

6.6.2　指南

单击主界面右上角的相关教程，将会出现大量视频、PPT、图文类教学内容，使用者可以根据自己的实际需求进行学习，如图 6-12 所示。

图 6-12　教程页

相关教程中的视频、图文和 PPT 均可供使用者在线/离线观看，而 PPT 则可供使用者在线进行编辑，如添加注释、突出显示、做笔记等，如图 6-13 所示。

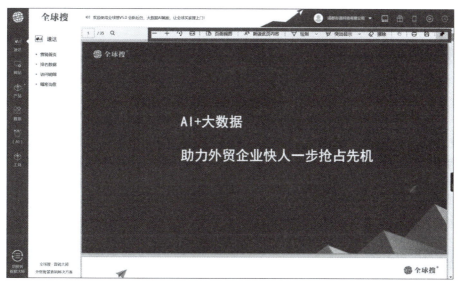

图 6-13 工具栏

注意：编辑内容不包括 PPT 正文，编辑结果均可保存在离线 PPT 中，离线 PPT 的格式为 pdf，编辑结果不会影响原本的 PPT。

6.7 系统设置

6.7.1 简介

系统设置是使用者根据自己的喜好和习惯等进行界面及操作的改变的调整途径，如图 6-14 所示。

图 6-14 系统设置

6.7.2 操作指南

单击主界面右上角的"设置",将会出现 5 项选择供设置(见图 6-15),分别为收款设置、语言地区、人工翻译、Skype 设置、国际阿里旺旺,使用者可根据自己的实际情况选择对应的设置进行更改。

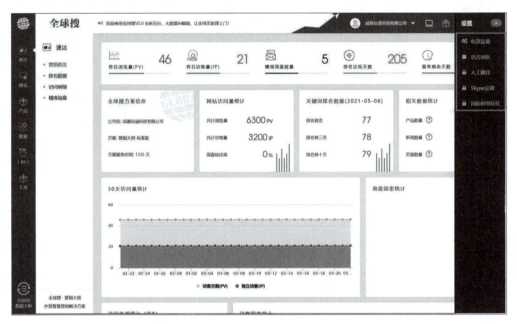

图 6-15 设置栏

第 7 章 网 站

知识导读

网站(Website)是指在因特网上根据一定的规则,使用 HTML(超文本标记语言)等工具制作的用于展示特定内容相关网页的集合。简单地说,网站是一种沟通工具,人们可以通过网站发布自己想要公开的资讯,或者利用网站提供相关的网络服务。人们可以通过网页浏览器访问网站,获取自己需要的资讯或者享受网络服务。

网站是在互联网上拥有域名或地址并提供一定网络服务的主机,是存储文件的空间,以服务器为载体。人们可通过浏览器等访问、查找文件,也可通过远程文件传输方式上传、下载网站文件。本章内容主要包括网站形象、菜单管理、页面管理、新闻管理和新闻分类 5 部分,旨在帮助企业设置具有吸引力的网站。

学习目标

- 了解网站形象设计
- 了解网站菜单及页面管理
- 学习新闻管理及新闻分类

能力目标

- 熟练设计网站形象并掌握设计网站的技巧
- 做好网站菜单及页面管理
- 正确处理网站新闻

7.1 网站形象

7.1.1 简介

网站形象一般指网站视觉形象设计,包括设计和制作网站的完整流程,以及网站的布局和网页的美化。一个网站应当如商标一样打造影响力和形象,才能逐渐减少投资,提高回返率。网站形象模块主要负责编辑网站的首页模块的图片及文字资料,主要包括

Logo、Banner、首页图标、SNS 图标、关于我们、联系方式填写等。

在打造网站形象时，网页美术设计一般要与企业整体形象一致，要符合 CI(企业形象统一战略)规范。要注意网页色彩、图片的应用及版面策划，保持网页的整体一致性。在新技术的采用上要考虑主要目标访问群体的分布地域、年龄阶层、网络速度、阅读习惯等，同时要制订网页改版计划，如在半年到一年的时间进行较大规模的改版等。

7.1.2 操作指南

1. 显示选项

网站形象页面如图 7-1 所示。

图 7-1　网站形象页面

（1）列表显示项目：图 7-2 中勾选的项目将在网站形象首页中展示，若取消勾选，这些项目将被隐藏。图 7-3 所示为勾选客服设置选项后出现的新设置框。

图 7-2　显示项目

图 7-3　勾选客服设置选项后出现的新设置框

（2）页面布局：是在 Word 中对页面的文字、图形或表格进行格式设置，包括字体、字号、颜色、纸张大小、纸张方向、页边距、页面边框、分栏、文字方向、背景等。可通过图 7-4 所示设置网站形象首页中的分栏数目，如将两栏改为一栏，页面右侧的发布设置将会出现在页面上方。图 7-4 所示为改为一栏后的页面。

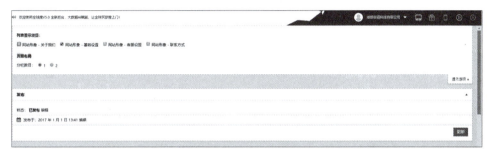

图 7-4　设置分栏数目

2. 网站形象

网站形象如图 7-5 和图 7-6 所示。

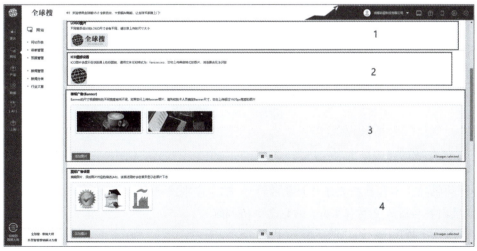

图 7-5　网站形象（一）

第 7 章　网站　77

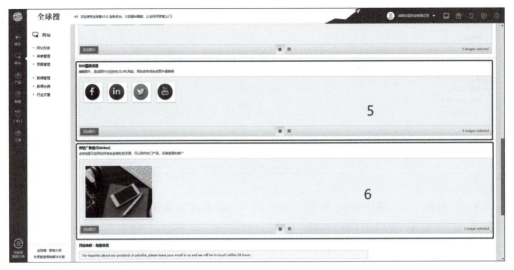

图 7-6 网站形象(二)

网站信息如图 7-7 所示。

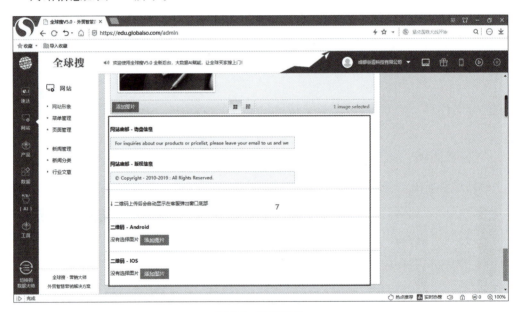

图 7-7 网站信息

1) Logo 图片

Logo 通过视觉形象传达思想,运用象征性、图形化、抽象化符号,引导大众获取清晰的理念和感知。不管是抽象还是具象的符号,都应该把准确表达 Logo 的核心理念放在第一位,且内容与形式必须在 Logo 的意念中协调统一。

更改或上传 Logo 图片的步骤如下。

(1) 在基础设置中单击已上传的 Logo 图片旁的编辑图标。

（2）上传新的 Logo 图片。

（3）更改图片标题、超链接、描述，如图 7-8 所示。

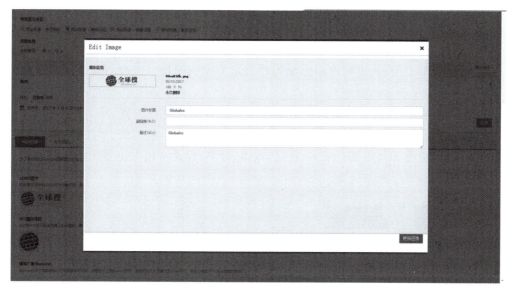

图 7-8　Logo 图片设置

2）ICO 图标设置

进入某个网站或网页，它们上方标题左侧各自都带有 Logo 图标，这就是 favicon.ico 图标，它可以让浏览器的收藏夹中除显示相应的标题外，还以图标的方式区别不同的网站。

在基础设置中通过单击已上传的 ICO 图标旁的编辑图标进行 ICO 图片的上传，图片标题、超链接、描述的更改，与 Logo 图片步骤相同，但上传的 ICO 图标的通用文件名和格式需为 favicon.ico，否则浏览器无法识别，如图 7-9 所示。

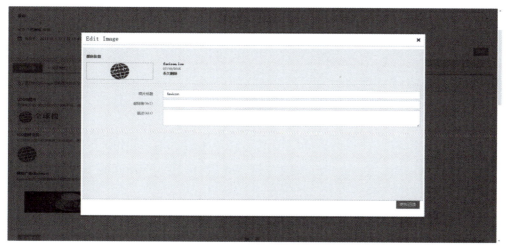

图 7-9　ICO 图标的设置

3）横幅广告（Banner）

Banner 图片主要指的是网页导航图片，通常可以体现网站的中心主旨，由背景图、Logo 和标语（或单位）构成。在网站中，Banner 图片处于最显眼的位置，通常在网站主页上部靠中心的位置，在当前页面占据 30% 左右的空间。Banner 还可以作为广告位。在最醒目的位置放置广告也是网络广告的主要形式之一。一般情况下，使用 GIF 格式的图像文件，可以使用静态图形，也可以用多帧图像拼接为动画图像。定时切换的 Banner 位广告可以为网站带来更多的收益。

如图 7-10 所示，单击图片旁的 3 个图标即可对该图片进行设置，从上到下依次为删除图片、编辑信息（可编辑的信息包括图片的上传，图片标题、超链接、描述的更改）、查看大图（可在大图上方的菜单进行复制、链接、收藏、分享、设置字体大小等操作）。

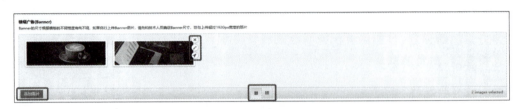

图 7-10　设置图片

更改或上传横幅广告的步骤如下。

（1）单击图片旁的第二个图标——编辑信息。

（2）单击操作界面正中的"选择文件"按钮，从计算机中选择文件（文件大小不超过 50MB），或从媒体库中选择。

（3）选择要上传的图片后单击"确定"按钮，再单击操作界面右下角的"选择"按钮即可上传，操作界面如图 7-11 所示。

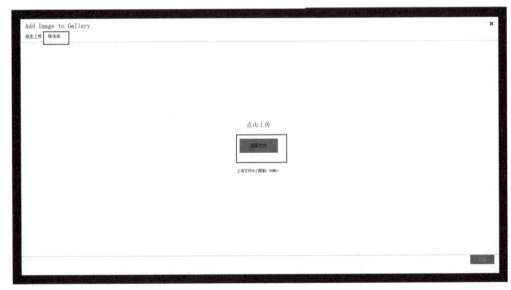

图 7-11　上传新图片

单击横幅广告基础设置界面下方中央的两个图标即可更改设置内容,如选择右侧横向排列的图标,可在基础设置页面对已上传图片的标题、超链接、描述进行更改,如图 7-12 所示。

图 7-12　更改已上传的图片

Banner 的尺寸根据模板的不同宽度有所不同,如果自行上传 Banner 图片,需要先和技术人员确定 Banner 尺寸,切勿上传宽度超过 1920px 的图片。

4) 图标广告设置

图标广告是从 Banner 演变过来的一种形式,是表现为图标的广告,通常广告主用其宣传商标或品牌等特定标志。图标广告能提供简单明确的资讯,而且其面积大小与版面位置的安排都较具有弹性,可以放在相关的产品内容旁边,是广告主建立知名度的一种相当经济的选择。例如,戴尔曾将一个广告按钮放在一份科技类报纸的计算机评论旁边。一般这类按钮不是互动的,当选择单击该按钮的时候会被带到另外一个页面。有时这类广告可以提供音效和影像,但要花很多时间下载,因此不是很受用户欢迎。

如图 7-13 所示,图标广告设置与横幅广告设置的操作方式相同,单击图片旁的 3 个图标即可对该图片进行设置,从上到下依次为删除图片、编辑信息(可编辑的信息包括图片的上传、图片的标题、超链接、描述的更改)、查看大图(可通过大图上方的菜单进行复制、链接、收藏、分享、设置字体大小等操作)。在该操作界面中单击左下角的"添加图片"按钮可上传新图片,可从计算机中选择 50MB 的图片上传,或从媒体库中选择已存图片进行上传。单击横幅广告基础设置界面下方中央的两个图标即可更改设置内容,如选择右侧横向排列的图标,可在基础设置页面对已上传图片的标题、超链接、描述进行更改。编辑图片时,可添加图片对应的描述(Alt),该描述同时会显示在首页相应图片的下方。

图 7-13　设置图片

5) SNS 图标设置

SNS 是 Social Networking Services 的缩写,汉语意思是"社交网络服务",主要包括社交软件、社交网站,以及社交现有已成熟普及的信息载体,如短信 SMS。SNS 图标指现有的社交软件及社交网站的图标。在网站形象基础设置页面中,编辑图片,添加图片对应的社交 URL 网址,网站会自动生成图片超链接。

如图 7-14 所示,SNS 图标设置与图标广告设置、横幅广告设置的操作方式相同。

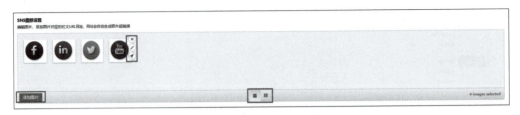

图 7-14　SNS 图标设置

6) 侧栏广告组

用户通常从网站的侧边栏获取内容。广告组常驻于页面一侧,需要根据用户习惯、网站的设计需求和整体风格进行系统化的排版设计。通常,用户浏览页面是从左向右,所以将广告组放在左侧会获得更多用户的关注。但是,它终究是引导用户获取内容的渠道,虽然广告组放在页面右侧获得的关注相对较少,但是它对整个网站视觉的影响会降低,使得用户可以更专注于内容。在网站形象的基础设置中,上传的侧栏广告图片会自动显示在包含侧栏的页面中,用作热门产品、促销信息的推广。

如图 7-15 所示,侧栏广告组与 SNS 图标设置、图标广告设置、横幅广告设置的操作方式相同。

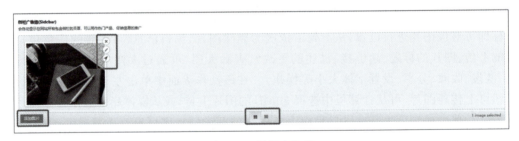

图 7-15　侧栏广告组

7) 网站信息

(1) 图 7-16 中的询盘又称"询价",是指买方或卖方为了购买或销售某项商品,向对方询问有关交易条件的表示。企业每获取一条询盘,就表示获得一个意向客户,并且需要销售人员后续跟进,所以信息专员需要对客户需求进行挖掘辨别,获取客户联系方式。此时编辑询盘信息将显示于网站底部,便于客户联系。

(2) 图 7-17 中版权信息的标准格式应该是 Copyright+[dates]+[author/owner],即 *Copyright+[日期]+[作者/拥有者]。有些网站的著作权声明中还会在著作权拥有者之后加一个后缀 AllRightsReserved(通常直译为"版权所有"),如 Copyright2017XXX.AllRightsReserved 所示。

(3) 二维码:如图 7-17 所示,单击"添加图片"即可从计算机中选择小于 50MB 的图片

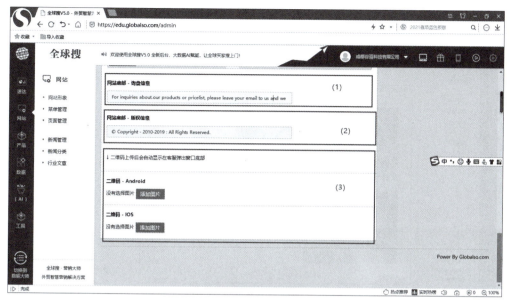

图 7-16 网站信息

或从媒体库中选择已存在的图片进行上传。二维码上传后会自动显示在客服弹出窗口底部。

图 7-17 二维码设置

3. 关于我们-图片

"关于我们"这个模块是企业自我介绍的页面,如图 7-18 所示为企业的图片介绍,图 7-19 所示为企业文字描述。在"关于我们"这个页面加上图片,能把简单的文字描述得更加生动,如果加上公司人物图片,效果会更亲民。

如图 7-20 所示,"关于我们"的图片设置与侧栏广告组、SNS 图标设置、图标广告设置和横幅广告设置的操作方式相同。

4. 首页描述

用户访问"关于我们"页面是希望快速了解企业的相关信息,在首页的文字描述中如果信息的排版和样式并不利于阅读,用户可能会快速关闭网页,造成浏览环节用户流失。因此,需要把用户进入这个页面最想看的信息及时展示出来,尽快产生询盘,多一秒钟的

图 7-18　企业的图片介绍

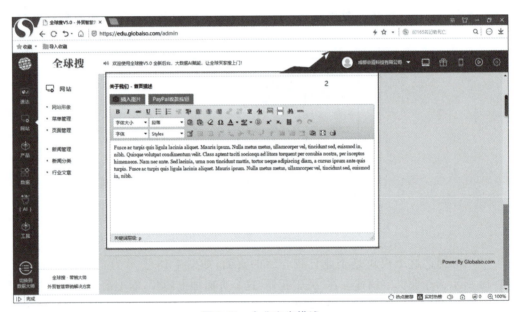

图 7-19　企业文字描述

阅读都有流失风险。"我们致力于通过出色的专业能力为客户提供卓越的价值,以及为世界知名企业提供服务,从而成长为业界第一……",诸如此类的陈述适用于大部分企业。但读者更想了解的是企业的差异化优势,并非这种口号式的介绍,介绍越简单直白越有效。

(1) 如图 7-21 所示,单击"插入图片"即可为"关于我们"的首页描述插入图片,操作方式同上。

图 7-20 图片设置

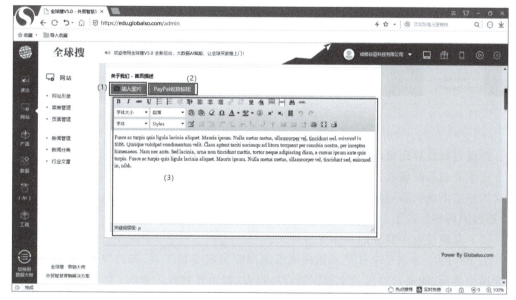

图 7-21 "关于我们"的具体内容

(2) 输入产品基本信息后设置产品价格并选择收款按钮所在位置,之后插入短码,操作步骤如下。

第一步:单击操作页面中的"PayPal 收款按钮"。

第二步:单击产品名称后的输入框,填写产品参数,如型号、颜色等。

第三步:单击产品价格后的输入框,填写价格,无须填写单位。

第四步:选填位置浮动。

第五步:填写完毕后单击"插入短码"即可,如图 7-22 所示。

PayPal 收款按钮:PayPal(纳斯达克股票代码:PYPL)于 1998 年 12 月由 Peter Thiel 及 Max Levchin 建立,是一个总部在美国加利福尼亚州圣荷塞市的在线支付服务商。它秉持着"普惠金融服务大众"的企业理念,致力于提供普惠金融服务、通过技术创新与战略合作相结合,为资金管理和移动创造更好的方式,为转账、付款或收款提供选择,帮助个人及企业参与全球经济建设并获得成功。PayPal 也和一些电子商务网站合作,成为它们的货款支付方式之一;但是,用这种支付方式转账时,PayPal 收取一定数额的手续

图 7-22 设置收款按钮

费。在设置收款界面可以插入 PayPal 收款按钮,以便于线上交易。我国跨境电子商务支付方式主要包括跨境收入结汇方式(含第三方收结汇、通过国内银行汇款、以结汇或个人名义拆分结汇流入等)与跨境支付购汇方式(含第三方购汇支付、境外电商接受人民币支付、通过国内银行购汇汇出等)。

以下是跨境电子商务的具体支付方式。

① PayPal:是倍受全球亿万用户追捧的国际贸易支付工具,即时支付,即时到账,全中文操作界面,能通过中国的本地银行轻松提现,解决外贸收款难题。

PayPal 适用范围:跨境电子商务零售行业,几十到几百美元的小额交易。

② Payoneer:是一家总部位于纽约的在线支付公司,主要业务是帮助其合作伙伴将资金下发到全球,其同时也为全球客户提供美国银行/欧洲银行收款账户,用于接收欧美电商平台和企业的贸易款项。

Payoneer 支持全球 210 个国家的当地银行转账;可在全球任何接受万事达卡的刷卡机(POS)刷卡;支持在线购物和从 ATM(自动取款机)取当地货币。

Payoneer 适用范围:单笔资金额度小但是客户群分布广的跨境电子商务网站或卖家。

③ 信用卡收款:跨境电子商务网站可通过与 Visa、MasterCard 等国际信用卡组织合作,或直接与海外银行合作,开通接收海外银行信用卡支付的端口。

目前,国际上的五大信用卡品牌有 Visa、Mastercard、AmericaExpress、Jcb、Diners club,其中前两个品牌的使用较广泛。

信用卡适用范围:从事跨境电子商务零售的平台和独立 B2C。

④ 电汇:是付款人将一定款项交存汇款银行,汇款银行通过电报或电话传给目的地的分行或代理行(汇入行),指示汇入行向收款人支付一定金额的一种交款方式。电汇是

传统的 B2B 付款模式,适合大额的交易付款。

⑤ MoneyGram(速汇金汇款):速汇金业务是一种个人间的环球快速汇款业务,可在十余分钟内完成由汇款人到收款人的汇款过程,具有快捷、便利的特点。收款人凭汇款人提供的编号即可收款。

⑥ Monerbookers:是一家极具竞争力的网络电子银行,它诞生于 2002 年 4 月。2003 年 2 月 5 日,Moneybookers 成为世界上第一家被政府官方认可的电子银行。Monerbookers 还是英国电子货币协会(EMA)的 14 个成员之一。Moneybookers 电子银行里的外汇是可以转到我们国内银行账户里的。

⑦ WebMoney:是由成立于 1998 年的 WebMoney Transfer Techology 公司开发的一种在线电子商务支付系统,简称 WM,截至 2012 年 9 月,其注册用户已接近 1900 万人,其支付系统可以在包括中国在内的全球 70 个国家使用。目前,WebMoney 支持中国银联卡取款,但手续费很高,流程很复杂,所以充值和提现一般通过第三方网站进行。

⑧ ClickandBuy:是独立的第三方支付公司,收到 ClickandBuy 的汇款确认后,3~4 个工作日会入账到客户的账户中。每次最低入账 100 美元,每天最多入账 10 000 美元。如果客户选择通过 ClickandBuy 汇款,则可以通过 ClickandBuy 提款。经济商保留选择通过 ClickandBuy 退款的权利。

⑨ cashpay:其特点为安全、快速、费率合理、PCI DSS 规范,是一种多渠道集成的支付网关。

(3) 在图 7-21 中输入网站首页描述,通过文本框上的 3 排按键可以更改文本的格式与外观,尽可能让文本呈现出更好的效果。

(4) 网站的描述。

① 网站的描述要简洁明了。网站的描述相对于标题来说要详尽一些,但是它也是对一个网站的概括,搜索结果页面最多显示 78 个中文,所以,网站描述文字不宜太多,最好不超过 78 个字。

② 网站的描述要满足用户的需求。网站的描述能否吸引用户,关键在于它能否满足用户的需求,如果网站的描述中包含网站核心关键词(比如你关注减肥,描述时就需要增加快速减肥这样的关键词,那么搜索结果页面就会显示这些标红的核心关键词),这样用户就会觉得非常醒目,也就起到了突出主题的作用,自然就能有效提升用户的单击欲望。

③ 网站的描述要充分突出网站的优势。如果在网站描述上已经满足了用户的需求,也就是说,将核心关键词引入其中,但是现在所有的网站都如此设计,那么,如果不能更加细致地设计,就很难提升网站描述的竞争度。所以,可以在网站描述中增加一些令用户非常感兴趣的词汇。例如,一个建站系统公司网站,除了有建站系统这样的核心关键词,如果在此基础上增加类似网站建设、网站优化等这样的词汇,访问者对此会感兴趣,自然就会单击网站。

④ 网站的描述要与页面内容相符。虽然网站的描述是直接呈现给用户看的,但是我们不能为了吸引用户单击而写一些与内容相差很大的文字,用户在搜索关键词的时候会

选择一个与自己意向较近的单击,如果不能提供解决用户问题的页面,那么单击后,跳出率就会变高,不能提供用户想要的内容,降低用户信任度,对网站来说是得不偿失的。

网站描述是一个非常重要的环节,而且也是直接受用户检验的环节,并且具体的网站描述每个行业都不一样,所以站长一定要认真考虑,慎重决定如何书写网站描述。一般地,一个网站会有十几个甚至几百上千个页面,同时需要避免出现页面描述千篇一律的情况。

5. 联系方式

1)公司信息

图 7-23 中,公司名称与公司地址是联系方式中的基本信息,在该页面中需要填写英文的名称。

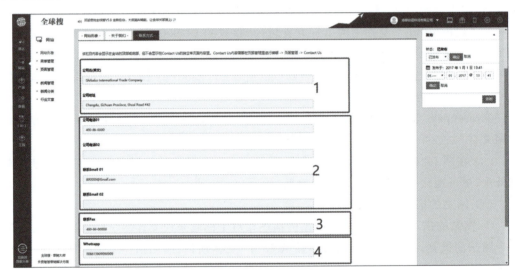

图 7-23　联系方式

2)电话与邮箱

图 7-23 中,公司的官方电话与邮箱地址是主要的联系方式,最常用。

3)Fax

图 7-23 中的 Fax 即传真,一种传输静态图像的通信手段,是指把纸上的文字、图表、相片等静止的图像变换成电信号,经传输路线传输到接收方的通信方式。传真机是用来实现传真通信的终端设备,是完成传真通信的工具。

4)WhatsApp

图 7-23 中,WhatsApp 是一款用于智能手机之间通信的应用程序,支持 iPhone 手机和 Android 手机。本应用程序借助推送通知服务,可以即刻接收亲友和同事发送的信息。可免费从发送手机短信转为使用 WhatsApp 程序,以发送和接收信息、图片、音频文件和视频信息。

6. 发布

发布页面如图 7-24 所示。

图 7-24　发布页面

1）发布状态

如图 7-25 和图 7-26 所示，单击发布状态后的"编辑"即可更改网站的发布状态，可从已发布、等待复审、草稿这 3 个状态中选择，操作步骤如下。

图 7-25　编辑发布状态

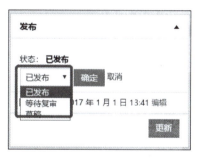

图 7-26　发布状态

（1）单击状态后的"编辑"更改发布状态。
（2）在已发布、等待复审、草稿这 3 项中选择一项。
（3）单击"确定"按钮即可。

2）发布时间

如图 7-27 和图 7-28 所示，单击发布日期后的"编辑"即可更改发布时间，操作步骤如下。

（1）单击日期后的"编辑"。
（2）选择年、月、日，在后两个输入框中输入具体时间。

图 7-27　更改状态

图 7-28　更改发布时间

（3）单击"更新"按钮即可。

7.1.3　建立网站

1. 主题

建立网站，首先要解决的是网站内容问题，即确定网站的主题。内容主题的选择，要做到小而精，主题定位要小，内容要精。不要试图制作一个包罗万象的站点，这往往会失去网站的特色，也会带来高强度的劳动，给网站的及时更新带来困难。

2. 域名

域名，又称网域，是由一串用点分隔的名字组成的 Internet 上某一台计算机或计算机组的名称，用于在数据传输时对计算机进行定位标识（有时也指地理位置）。一个非产品推销的纯信息服务网站，其所有建设的价值都凝结在其网站域名之上。失去这个域名，所有的前期工作都将落空。

3. 建网工具

网络技术的发展带动了软件业的发展，所以，用于制作 Web 页面的工具软件也越来越丰富。从最基本的 HTML 编辑器到现在非常流行的 Flash 互动网页制作工具，有各种各样的 Web 页面制作工具，网站制作者需了解 W3C（万维网联盟，创建于 1994 年，是 Web 技术领域最具权威和影响力的国际中立性技术标准机构）的 HTML 4.0 规范、CSS（层叠样式表，是一种用来表现 HTML 或 XML 等文件样式的计算机语言。CSS 不仅可以静态地修饰网页，还可以配合各种脚本语言动态地对网页中的各元素进行格式化）的基本知识，以及 JavaScript、VBScript 的基本知识。对常用的一些脚本程序（如 ASP、CGI、PHP）也要适当了解，还要熟练使用图形处理工具和动画制作工具，以及矢量绘图工具，并了解多种图形图像动画工具的基本用法，能熟练使用 FTP 工具，以及拥有相应的软硬件和网络知识。

4. 网站界面

（1）制作网页前，一定要考虑栏目和板块的编排问题。网站的题材确定后，就要对收集到的资料内容作一个合理的编排。例如，将一些最吸引人的内容放在最突出的位置，或者使其在版面分布上占优势地位。栏目的实质是一个网站的大纲索引，索引应该将网站的主体明确显示出来。在制定栏目的时候，要仔细考虑，合理安排。在栏目编排时需要注意的是：尽可能删除与主题无关的栏目；尽可能将网站内最有价值的内容列在栏目上；尽可能从访问者角度编排栏目，以方便访问者浏览和查询；辅助内容，如站点简介、版权信息、个人信息等不必放在主栏目里，以免冲淡主题。

另外，板块的设置也要合理。板块比栏目的概念要大，每个板块都有自己的栏目。例如，ENET 硅谷动力（www.enet.com.cn）的站点分新闻、产品、游戏、学院等板块，每个板块下面又各有自己的主栏目。一般来说，个人站点内容较少，只要分个栏目就够了，不需要设置板块。如果有必要设置板块，应该注意：各板块要相对独立；各板块也要相互关联；各板块的内容要围绕站点主题。

（2）目录的结构是一个容易忽略的问题，大多数站长都是未经规划，随意创建子目录。目录结构的好坏，对浏览者来说并没有什么太大的感觉，但是对于站点本身的维护，以后内容的扩充和移植却有重要的影响。所以，建立目录结构时要仔细安排。

5. 视觉设计

（1）选择网站的主题色。网站的其他标准色是在主题色的基础上通过降低明度、饱和度得到的，分别运用在 hover 突出色块、线框色等场景（见图 7-29）。

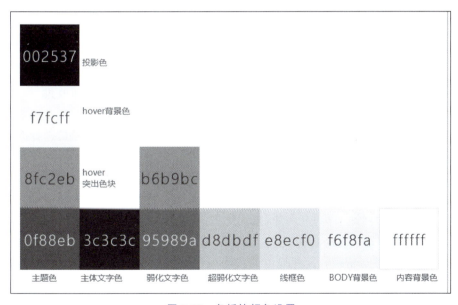

图 7-29 各板块颜色设置

（2）选择字体时，不同字号的预设，主要用于拉开页面的层级结构。字重有 blod、

normal、light 3 种状态，再加上色彩的变化，可以制作出很多种形式，足够用来表达页面内容的主次关系。

（3）确定色彩、字体的规范后，接下来最重要的是沿用这样的规范重复执行下去，并逐步细化到字体的行间距(line-height)、字间距(letter-spacing)的调整上。期间若有不妥的预设，则可以适当修改，但是类似的页面之间一定要有相同的规范，确保视觉统一。

（4）动效可用于优化页面阅读体验，适可而止，越简单越好。一些个性化的页面可以适当炫酷一点，但主要的内容呈现页面还是越朴素越好。虽然炫酷的动效能够让人眼前一亮，但刻意、反复、过多的动效容易导致阅读效率低下，加重人们的心理负担。而且，动效的制作成本也会更高。

6. 跟踪优化

通过营销推广，让更多的人知道你的网站；做 SEO（详情见 7.3.2 节），让你的网站对搜索引擎友好，不断地给网站更新添加内容，传递价值。充分利用 Google Analytics 等跟踪工具查看网站流量来源，网页的保留时间越长，说明它们被浏览的频率越高。帮助发现网站上的有效和无效内容，以及需要做哪些调整，才能最大化利用每次访客的访问。

7.1.4 设计网站（售后服务手册）

1. 选择网站风格

优秀的网页设计能够吸引客户，提升订单转化率，对网站来说至关重要。全球搜的部分客户在选择模板时并没有完全考虑什么样的模板才是"适合"企业的，以致盲选到不合适的模板，而在后期网站交付时才发现与预期不符，产生退款。让客户选到适合企业的模板也有规律可行，可以从以下几方面进行网站模板的选择。

（1）同行业属性：客户可以直观地感受到网站交付后与预期效果差距不会太大。全球搜为满足不同的客户需求，针对不同的行业属性在设计上也大不相同。

（2）模板的规划：网站会随着网站的发展壮大而在网站建设中不断改进。一个成功的网站它的改版次数绝对不会少，所以网站模板需要落实的规划。因此，在选择网站模板的过程中需要非常清楚自己想展示企业的哪些重点元素，再根据重点元素选择合适的网站风格（见图 7-30）。

（3）整体架构：看看整个网站模板的整体架构设计是否符合你想展现企业内容的需求，大部分客户对不同的网站在选择模板时的需求是不一样的，所以首先要明确你的网站的定位，选择合适的网站架构。（例如，想突出产品、案例或公司实力，全球搜模板风格有行业区分，建议按照这个思路选择）

（4）代码规范性与精简：合理规范的代码可以让搜索引擎更容易抓取网站的页面。代码精简，利于蜘蛛爬行，可减轻服务器的负担，也节约了网站空间，同时还方便了我们对网站代码进行改进，也利于后期进行 SEO 推广。

由于每个人的审美观不同，因此对精简的代表性看法也可能不同，但既然网站不是只写给自己看，那么从访客角度出发，建一个给访客看的网站就非常有必要了。

图 7-30　模板展示

（5）颜色搭配：网站给人的第一印象来自视觉冲击，不同的色彩搭配会产生不同的效果，并可能影响访问者的情绪。颜色搭配是体现风格的关键，而且不同的企业类型，适合的颜色也有所不同。全球搜设计风格均以 Logo 颜色做整体搭配，建议选择网站风格时，根据企业 Logo 颜色选择类似颜色的网站风格，切勿差异太大，不然再好看的设计风格也难出效果。

（6）网站 diy：网站风格支持自由增删模块，自由调整模块位置，但这并不意味着可随意修改，全球搜网站风格由经验丰富的设计师打造，他们在这个行业里摸爬打滚十几年，对各种建站布局、效果早已滚瓜烂熟，并且严格按照谷歌优化设计，对 SEO 推广有积极意义。网站多数符合潮流，尽量不去做大幅度颜色变动和板块更改。

当客户从全球搜众多风格模板中选择其中某一套时，这时候的客户就是访客。技术人员以及设计师建议客户选择风格后尽量不作颜色、板块的调整。当然，一个完美的网站模板要考虑的远远不止以上这些，但是，要做出一个十全十美的网站实属不易，所以客户在选择网站风格的时候，尽量从以上因素引导了。

2. 模板的规划

（1）页面重点元素。

随着网络的发展，网站的建设也在不断改进。一个成功的网站，它的改版次数绝对不会少。因此，在选择网站模板的过程中，需要清楚自己想展示企业的哪些重点元素，再根据重点元素选择合适的网站风格。图 7-31 所示为重点元素案例。

（2）关于我们。

关于我们的具体内容如图 7-32 和图 7-33 所示。

图 7-31 页面重点元素案例

图 7-32 关于我们的具体内容（一）

图 7-33 关于我们的具体内容（二）

网站重点元素如图 7-34 所示。

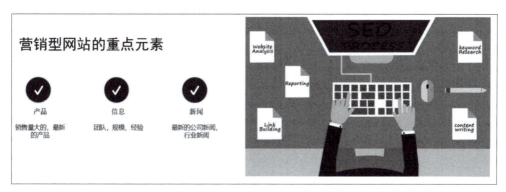

图 7-34　网站重点元素

（3）整体架构：是否符合需展示的企业内容。

看看网站模板的整体架构设计是否满足你想展现企业内容的需求，大部分客户处于不同的行业，在选择模板时的需求是不一样的，所以首先要明确你的网站的定位，然后选择出合适的网站架构。图 7-35 所示为整体架构示例。

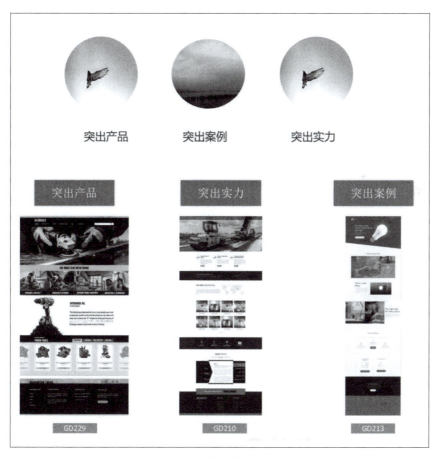

图 7-35　整体架构示例

第 7 章　网站　95

(4)颜色搭配：网站给人的第一印象是来自颜色的视觉冲击。

(5)网站 diy：支持(但不建议)网站自由增加和删减模块。

(6)模板调整：网站的颜色、字体、图片可以通过代码自由替换,如图 7-36 所示。

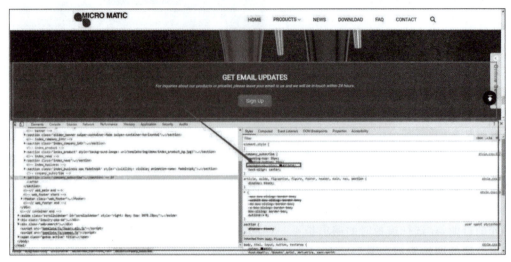

图 7-36　模板调整

(7)模板效果对比：相同的产品,不同的基础风格,效果截然不同,如图 7-37 所示。

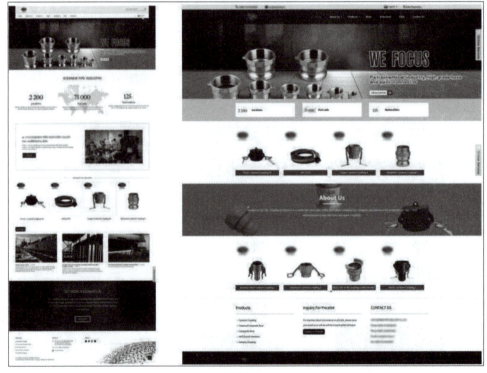

图 7-37　模板效果对比

7.2 菜单管理

7.2.1 简介

对于常见的门户网站来说，菜单最基本的功能是导航作用，可以在系统内部或系统外部自由切换。

在菜单管理模块，负责管理网站的所有导航菜单栏目，包括网站主导航、侧栏产品导航、侧栏页面导航、底部导航等。

7.2.2 操作指南

菜单管理如图 7-38 所示。

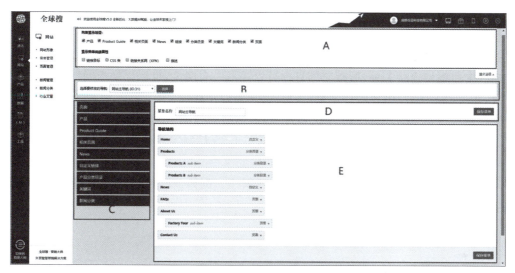

图 7-38　菜单管理

1. 显示选项

(1) 列表显示项目：菜单隐藏了一些功能，如果想了解菜单更多的属性，可单击屏幕右上角的"显示选项"，让隐藏的功能都显示出来。图 7-39 中，可以通过勾选图示选项选择在页面左侧要展示的项目。

(2) 显示菜单高级属性：在创建 Word Press 自定义菜单时，右上角有一个 Screen Option，单击展开可以从中选择显示菜单的高级属性，包括链接目标(Link Target)、导航标签(Navigation Label)、标题属性(Title Attribute)、CSS 类(CSS Classes)、链接关系网(XFN)、描述(Description)，它们的功能描述如下。

链接目标：控制菜单打开方式，在新窗口打开(target＝"_blank")或在当前窗口打开(默认)。

导航标签：就是链接的文字。链接是指在电子计算机程序的各模块之间传递参数和

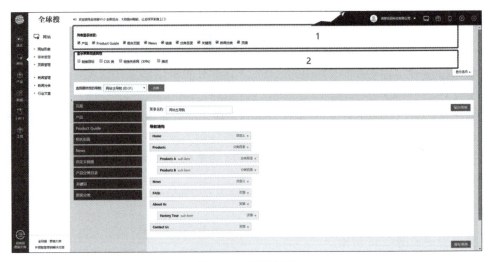

图 7-39 显示选项

控制命令,并把它们组成一个可执行的整体的过程。链接也称超级链接,是指从一个网页指向一个目标的连接关系,所指向的目标可以是另一个网页,也可以是相同网页上的不同位置,还可以是图片、电子邮件地址、文件,甚至是应用程序。

标题属性:就是 A 标签的 title 属性值,鼠标移动到那个链接会显示的文字。

CSS 类:给某个菜单项添加 Class 类,通过 CSS 控制实现这个菜单项的独立显示效果,如 home-page。

链接关系网:通过 XFN 给菜单添加 rel 属性。例如,若不想让搜索引擎跟随这个菜单,可以为其添加 rel="nofllow"属性。

2. 选择要修改的导航

如图 7-40 所示,在其中选取一项作为要修改的导航。

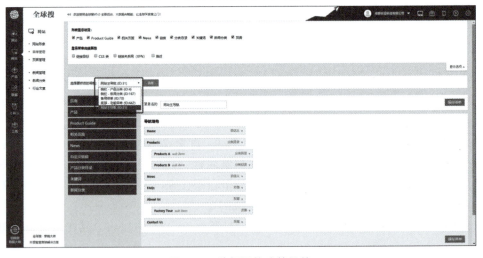

图 7-40 选择要修改的导航

3. 列表显示项目

（1）如图7-41所示，单击列表已显示项目其中之一页面，将会出现选择面板，在其中进行操作即可。

图7-41　列表显示项目

（2）如图7-42所示，勾选选项并单击"添加至菜单"即可将相应的页面拖动到菜单面板中。

（3）产品、新闻、关键词、产品分类目录的操作方法同上，通过勾选选项并单击"添加至菜单"向菜单面板中添加分类、页面等。

（4）自定义链接：图7-43中允许添加任何链接，例如可以添加一个首页，链接指向首页网址即可。

图7-42　添加显示项目

图7-43　自定义链接

添加自定义链接到菜单面板中需要输入特定的网址，取好标签后单击"添加至菜单"。

4. 菜单名称

菜单名称是功能或作用的直接体现方式,确定菜单的主要功能取相应的名称后,保存即可,如图 7-44 所示。

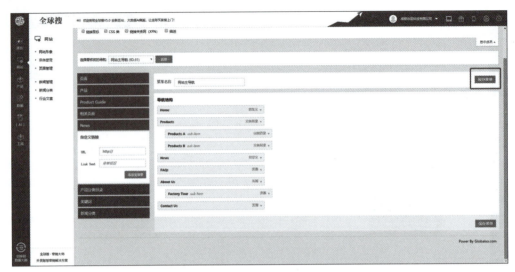

图 7-44　菜单名称

5. 导航结构

导航结构如图 7-45 所示。

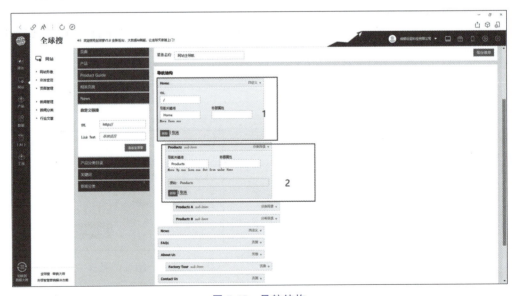

图 7-45　导航结构

（1）单击 Home、News 这两个菜单项目,将出现如图 7-46 所示的面板,可以在此设置 URL 链接、导航关键词与标题属性。

图 7-46　设置 URL 链接、导航关键词与标题属性

同时,如图 7-47 所示,单击 Up one 将选定的菜单项目与上方的菜单项目交换顺序,单击 Down one 将选定的菜单项目与下方的菜单项目交换顺序,单击 Out from under Home 将所选的菜单项目变为前一个菜单项目的子菜单(菜单栏实际是一种树形结构,子菜单是菜单栏的一个分支)。

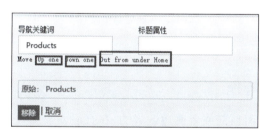

图 7-47　交换顺序

（2）单击 Products、FAQs 等菜单项目将出现如图 7-48 所示的面板,可以在此设置导航关键词、标题属性。

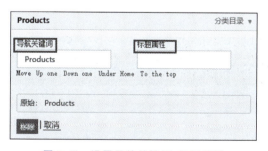

图 7-48　设置导航关键词、标题属性

（3）可以编辑每个菜单项目的信息,并用拖放的方式为其排序。将某个菜单项稍稍向右拖动,这个项目即变为子菜单(低一格就是二级菜单,低两格就是三级菜单,以此类推),这样菜单便有了层级关系。同时,上下拖动菜单项目能够改变它们的顺序,如图 7-49 所示。

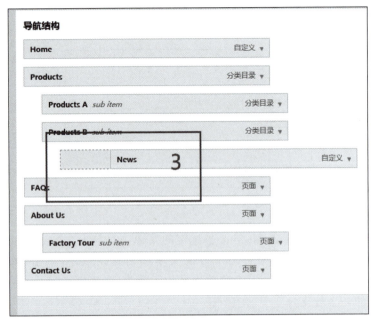

图 7-49　编辑菜单项目

排好菜单后,保存即可。

7.2.3　网站的菜单管理

导航栏是指位于页面顶部或者侧边区域的,在页眉横幅图片上边或下边的一排水平导航按钮,它起着链接站点或者软件内各个页面的作用。

作为引导用户体验网站的菜单导航,从搜索角度来说,也起着重要的作用。菜单导航不仅联络网站的外部,也联络网站主页面以及其他页面,是整个网站的"中心",所以,如果网站建设中的菜单导航设计得不好,用户没有良好的体验,很容易导致用户流失。网站导航示例如图 7-50 所示。

图 7-50　网站导航示例

在菜单导航设计上,很多网站"别有用心",希望以此博得用户的喜爱,但是,过分注重技巧,而忽视用户的体验,反而起到相反的作用。相反,一些网站在菜单导航上做得中规中矩,不敢越雷池一步,用户使用起来固然没有障碍感,可是千篇一律的导航设计,无法给人惊艳的感觉,真正的菜单导航的设计应该这样,站在用户角度考虑问题,敢于在细节方面创新,又不失主流体验,以此在用户心中潜移默化地获得好感。

1. 引导,除首页,每个页面都要有菜单导航

关于菜单导航设计,很多网站的首页设计得很好,可是到了二级域名,就变得模糊起来,也许对于网站熟悉的人来说,只要单击一下就立刻回到主页,也有的设计者想当然地认为,按一下浏览器的返回键就回去了。

这种习以为常的做法并不是每个用户都知道,尤其当他们置身于一个陌生的网站中,用户浏览一个网页,然后返回主页,再进行下一个网页,这种反复,很容易让用户厌倦。

唯一的办法就是在每个页面都加上菜单导航,这样就极大地方便了用户浏览网页。

2. 菜单导航图标设计要标准

在追求新技术的今天,菜单导航的图标多样化,比如有的用悬浮式导航、椭圆形导航图标,有的菜单导航甚至是动态的……

过于花哨的设计,可能会给用户造成心理上的不适,甚至使用户产生怀疑的态度,这是我需要的网站吗?大多时候,一些导航设计应该中规中矩,最少要符合标准,因为菜单导航是整个网站设计的重要组成部分之一,字体偏大或者奇形怪状,意味着整个网页设计风格都要随之而改变,绝大多数的网站是很难适应这个节奏的,尤其是那些"守旧"的用户,更是无所适从。

3. 导航菜单的数量

一个网站首页的导航菜单有多少个最合适?多了好还是少了好?从业内经验分析,导航菜单数量不要超过7个。作为网站,需要预测用户经常访问的内容,要将最重要、最常用到的条目置于导航栏中。值得一提的是,几乎每个网站的导航中都会包含搜索、关于我们、首页,而电商类网站则通常会包含购物车、购买按钮。但是,无论如何,将最关键、最重要的导航类目让用户看到,才是导航应该做到的事情,换句话说,就是关键内容驱动导航分类。

4. 选择符合网站内容的菜单类型

不同行业的网站导航似乎为了告诉用户我是这个行业,下意识地形成了独立的风格习惯,而网站导航菜单类型和网站的内容之间有着千丝万缕的关系。

不同行业、不同类型的网站内容是不同的,比如资讯类网站不仅拥有海量内容,而且每天还需要更新大量的内容,而展示类型的网站,很难增加更多的内容,简单的导航,用户分分秒秒就浏览完了。

网站 24 小时不打烊,免费开放,我们不必伪装自己,而是通过某种符号,或某种固有的模式告诉用户我就是这个样子,而不同风格的导航设计恰恰是展示自己定位的最好方式,不要过于标榜自己,也不要过于轻视自己,而是大大方方地展示自己,或者通过导航把

自己划分到某个队伍中。

最后再说菜单导航的位置,感觉中菜单导航都是在网站上方,因为用户在浏览网站时更容易注意网站的上方和左侧,这也是为什么用户体验优化要求网站设计时将最重要的信息放在网站的左上方。对于那些把菜单导航放在中间或者随着鼠标移动而自动"走"的菜单导航,还是放下炫丽的技巧吧,自以为是并不能获得更多用户的认可,反而会自砸招牌。可以对网站的导航样式进行创新,但不要为了创新而牺牲网站的可读性。

7.3 页面管理

7.3.1 简介

页面管理模块负责管理网站的所有单页面内容,例如有关于我们、联系我们、证书页面等。通过在页面编辑框里填写对应的文字及图片内容,可以完善相应的页面资料。也可以使用可视化编辑功能,进行页面更复杂与高级的排版。页面管理主要包括对单页面进行可视化装修以及产品的展示。

7.3.2 操作指南

页面管理如图 7-51 所示。

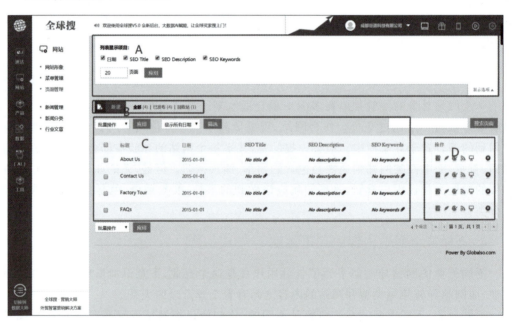

图 7-51　页面管理

1. 列表显示选项

在此界面可以设置想要展示的选项,帮助用户快速找到所需页面。例如,勾选"日期"

后所有页面的创建日期都可看到;若不勾选"日期"则不会显示日期。

2. 新建

第一步:输入创建的页面的标题。图 7-52 中,可以根据具体的页面内容选择简单的标题,同时还可以吸引客户。

图 7-52　页面设置

第二步:页面设置以及 SEO 设置。

(1)页面设置:在图 7-52 所示界面中都是执行简单基础的操作,例如日期设置、标题设置、页面内容简易描述等大纲类型的内容。

(2)SEO 设置:是一种利用搜索引擎的排名规则,提高目标网站在自然搜索结果中的收录数量和排名的优化行为,其目的是从搜索引擎中获得更多的免费流量,以及更好地展现形象。

简单地说,搜索引擎优化是指提高自然搜索排名,获得流量,且提供给用户有价值的信息。

同样,要让搜索引擎在无数的文章中选择把你的文章排到前面,你首先需要做到以下几点。

① 内部优化:也就是提高文章本身的质量。

② 外部优化:也就是让你的文章曝光在更多权威网站上,如图 7-53 所示。

③ SEO 关键词优化:关键词选择错了,后面做的工作等于零,所以进行网站优化前,先要锁定自己网站的关键词。

a. 首页部署品牌词以及相对较难的通用词或者产品词。首页推荐承载 3~5 个关键词。

b. 更多关键词使用内页布局,每个内页推荐承载 1~3 个长尾关键词。

c. 每个关键词有唯一的主着陆页。

第 7 章　网站

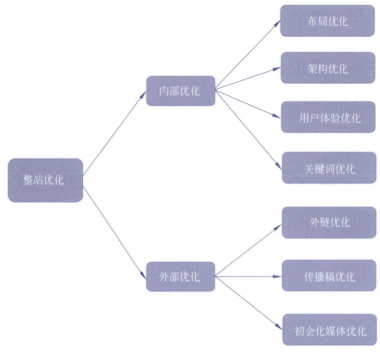

图 7-53 网站优化方法

d. 首页用关键词链接到所有内页着陆页。

e. 每个着陆页都用首页关键词链接回首页。

f. 网站内出现的这些关键词均链接到唯一的主着陆页。

百度相关搜索、百度指数、英文关键词工具,将目标关键词做成一个文档,对于大型网站,要做的主要是对网站的关键词进行分类,如图 7-54 所示。

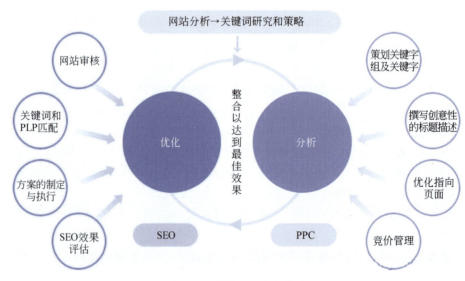

图 7-54 关键词研究和策略

④ SEO 特点。

优点：成本低，持久，不存在"无效单击"风险。

缺点：施工时间长，不确定性，被动性。

⑤ SEO 核心思路：均衡各方利益。

⑥ 用户：快速、便捷地找到需要的信息。

商家：公平竞争的盈利平台。

平台：发展长远化，利益最大化。

⑦ SEO 宗旨：用户体验，搜索引擎优化。

⑧ SEO 应用领域：企业网站、电子商务型网站、其他电商平台。

⑨ SEO 变化趋势：个性化、专业化、智能化。

编辑好"新建"页面之后可以发布新建的页面，若不满意或者不需要此页面，则可以将其移至回收站。

3. 所有页面展示

所有页面能显示创建的所有页面，且可以通过该页面创建的日期以及标题等快速搜索。所有页面展示如图 7-55 所示。

图 7-55　所有页面展示

（1）编辑此页面的标题以及链接。

（2）网站固定链接以及可视化管理：该页面可以直接单击"进入可视化操作"界面进行装饰，本部分在接下来的操作中会具体讲解。

（3）页面设置和 SEO 设置与（2）一样。

4. 页面操作

页面操作如图 7-56 所示。

编辑功能：同操作"新建"界面。

图 7-56　页面操作

快速编辑功能：可以快速修改页面的标题、别名、日期，如图 7-57 所示。

图 7-57　快速编辑

可视化装修：可视化（visualization）是利用计算机图形学和图像处理技术，将数据转换成图形或图像在屏幕上显示出来，再进行交互处理的理论、方法和技术。它是页面管理的主要阵地包括页面主页（设计风格）、产品、新通知和新产品、细节、联系我们和提出建议，如图 7-58 所示。

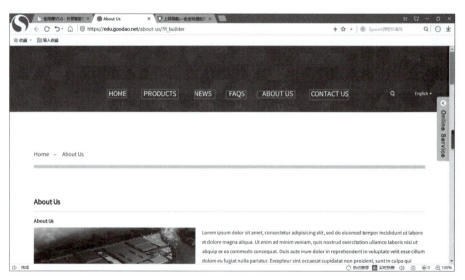

图 7-58　可视化装修

（1）主页：客户看到的第一眼，极其重要，设计风格要简约并能吸引客户的目光，如可以在图 7-59 中插入动图或者视频展现产品，同时要注意文字与图片的布局，文字的字体、大小、颜色、段落距离等对客户的观感会有较大的影响。要注重浏览视觉效果，同时系列产品要整齐。

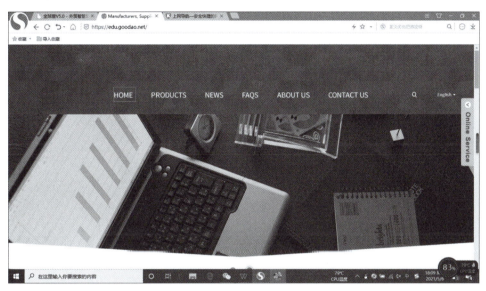

图 7-59　主页

（2）产品：单击进入产品界面会出现如图 7-60 所示的具体的产品情况。准备产品详情的时候，不一定都用大篇幅的文字，完全可以利用视频、图片、表格等多种形式传递产品的价值，这样可便于客户选择。

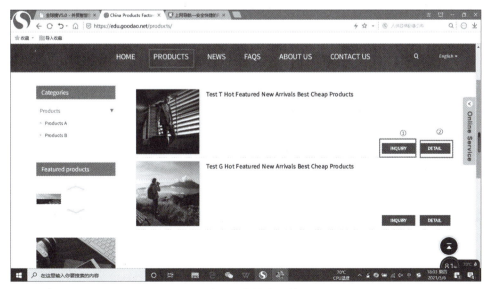

图 7-60　具体的产品情况

① 联系我们：单击进入如图 7-61 所示界面后，可以留下你的建议，内容包括名字、邮箱、电话号码/App 账号/微信、问题及建议。

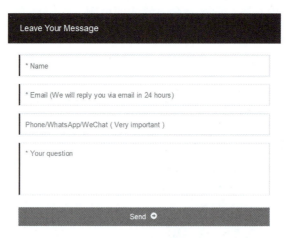

图 7-61　联系我们

② 细节详情：单击进入一个特定产品的详情页面，从中可以了解该产品的详细情况，便于客户进一步了解该产品。

（3）新消息、新产品：单击进入后可以查看当期发布的新产品以及新消息的相关事项。若要更进一步地了解该产品，可以单击"READ MORE（阅读更多）"，如图 7-62 所示。

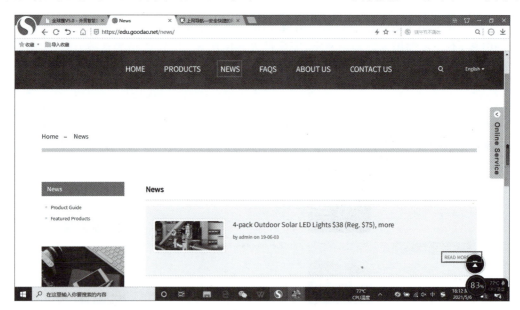

图 7-62　新消息、新产品

（4）常见问题：客户反映的常见问题会集中整理放在如图 7-63 所示的页面，之后的新客户如果出现同样的问题，可以在此页面找到答案。

（5）图 7-64 所示页面是对"关于我们"的简单描述。

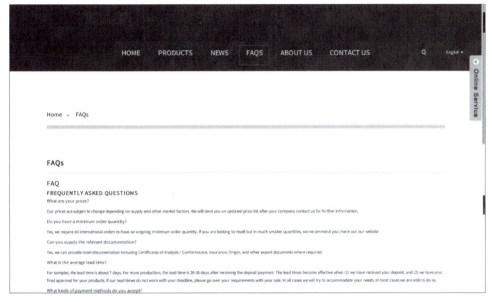

图 7-63 问题及答案

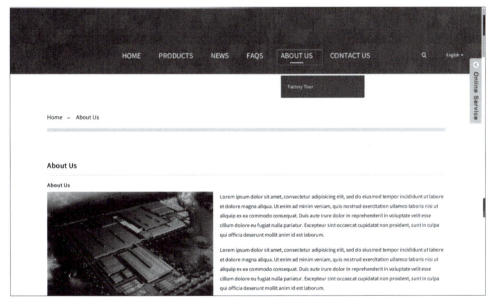

图 7-64 关于我们

(6) 联系我们：任何问题都可以在此页面进行记录。
(7) 搜索：通过如图 7-65 所示的搜索栏可以搜索产品内容。
(8) 补充：学会优化图片。
① 优化图片的好处。
a. 网站的加载速度变快。
b. 网站的 SEO 排名靠前，Google 把页面速度作为搜索排名因素。

图 7-65　搜索栏

c. 跳出率较低,这意味着更多访问者将看到你的页面。

d. 占用的带宽更少(服务器上的磁盘空间更少),从而节省了成本。

e. 为访问者提供更好的用户体验,并节省他们的数据流量。

② 优化方法。

a. 选择正确的图片格式:上传网站图片之前,需要确保选择了正确的图片格式。尽管有许多图像格式可供选择,但 PNG 和 JPEG 是网络上最常见的格式。

PNG:产生质量更好的图像,但文件较大。

JPEG:你可能会失去图片质量,但是可以调整质量级别,以找到平衡。

WebP:可以选择有损压缩和无损压缩,但仅 Chrome 和 FireFox 支持。

针对外贸网站,建议选择 PNG 和 JPEG。

b. 压缩图像:可以在 Photoshop 中执行此操作,也可以使用 TinyPNG 之类的工具。压缩图像后,更快的页面速度会提升用户体验。

c. 网站图片版权:网站上使用的图片,请确保没有侵犯版权,因为图片版权问题而引发的罚款,会带来巨大的损失,因此必须注意图片的版权问题。

d. 自定义图片文件名:对于 SEO,创建描述性、关键词丰富的文件名至关重要。通常,文件名看起来像"IMG_722019"或类似名称,它对 Google 没有帮助。自定义图片文件名,可以帮助搜索引擎了解你的图片,以及分类收你的图片。

e. 使图片对移动端友好:在移动端,图片可能为你带来较高的跳出率和较低的转化率。但是,它也可以为你的网站增加更多的排名机会,提升用户参与度。通过创建响应式的图片,让自己的网站实现多种设备同时兼容,无论用户使用台式机还是移动设备,图片都将根据站点的大小缩放。

f. 使用 CDN(内容分发网络):网站访问过慢,除了会给用户带来不好的体验感外,谷歌搜索引擎也明确指出,网站的访问速度会影响搜索结果的排名。可以通过以下方面进行优化:选择可靠的服务器——全球搜,美国品牌独立服务器和全球 12 大云服务器相继部署,不管是独享资源(寻求更稳定的传输数据),还是分布式存储(降低因某个服务器而宕机),导致站点访问困难的风险,全球搜都可以有效解决!

③ 优化网站图片和代码:随着用户对网站高质量图片的追求,图片质量成为影响网站下载速度的重要原因,以下几点可以优化网站图片的加载速度。

a. 裁剪图片,缩小尺寸。

b. 尽量使用 JPEG、PNG 或者 WEBP 格式,避免使用 BMP 和 TIFF 格式。

网页和网站的运用大都依赖于 HTML 5+CSS 等技术,优化代码结构是压缩它们的大小,这意味着要删除代码中的注释、多余的空格、额外的换行符和分隔符,以压缩代码。

同时,减少需要传输的数据量来缩短页面加载的时间。

④ 使用全球 CDN 加速服务:当创建一个新网站的时候,你的主机可能托管在一个服务器上,那么它就有一个具体的固定 IP(地理位置)。有人访问网站的时候,会向这台主机发送请求。当采用 CDN 网站加速后,它会将目标站点的内容同步到多台服务器,便于与其邻近的用户更快地访问站点内容。

例如,你的服务器固定 IP 在大连,一个广东用户访问可能相对缓慢,如果开启 CDN 加速后,CDN 服务器在广州可能有节点,那么你的内容相当于存放在广州,这时候它的访问速度就很快。

使用 CDN 加速有以下好处。

a. 网站加速,利于 Google 排名。

许多搜索引擎都会把网站的打开速度当作一个比较重要的指标,所以网站打开的速度会影响搜索排名。使用 CDN 加速之后,网站的打开速度变快,可以减少跳出率,也可以增加用户对网站的友好体验。

b. 有利于提高网站的转化率。

毫无疑问,用户访问网站的时间多了,跳出率减少,当然会利于网站的转化和销售。打开速度慢的网站一开始就不友好,更别想提高网站的转化率了。

c. 提升网站的稳定性和安全性。

CDN 加速因为节点分散,攻击者比较难下手,攻击一个节点仅是影响一个节点的缓存访问而已,并且 CDN 加速的"智能调度"会自动启用另一个节点,CDN 服务节点数量够多,那么攻击者的成本自然就高了。

5. 查看

单击"查看"进入联系我们页面,如图 7-66 所示。

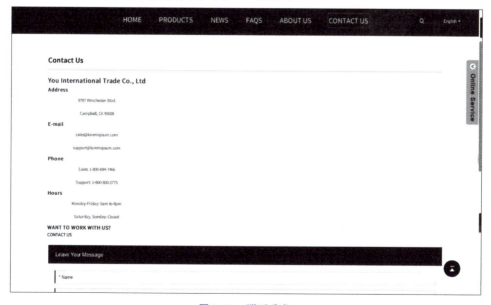

图 7-66　联系我们

7.3.3 优化页面管理

页面浏览主要通过后台渲染的方式进行。后台渲染是指在后台进行用户编辑结果页面的渲染和生成,编辑器前端页面通过 iframe 加载和展示结果页面,用户可以实时预览页面。使用后台渲染的预览方式可以实现编辑器和组件库前端框架的分离,也可以有效避免预览页面对编辑器环境的逻辑污染。后台渲染流程图如图 7-67 所示。

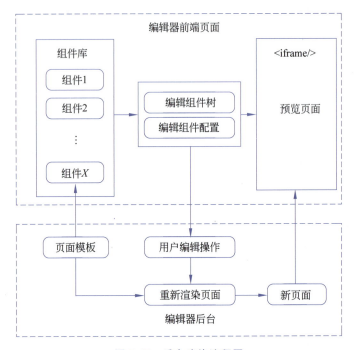

图 7-67 后台渲染流程图

页面标题设置须注意:①独特,不重复;②准确,具有相关性;③字数限制;④简单通顺,不堆砌;⑤吸引单击;⑥组合两三个关键词;⑦使用公司或品牌名称;⑧连字符的使用。

7.4 新 闻 管 理

7.4.1 简介

新闻模块的主要功能是发布网站上的所有新闻信息,对于优质的外贸营销网站来讲,必不可少的是站内新闻的更新,有规律地发布高质量的文章会吸引搜索引擎抓取,提升网站的排名和流量。新闻的主要操作方式和页面模块一致,通过在页面编辑框里填写对应的文字及图片内容,即可发布新的新闻。

7.4.2 操作指南

1. 显示选项

在图 7-68 中选择是否显示日期,以及设置页面显示新闻数量。

图 7-68　新闻管理页面

2. 新建新闻管理页面

填写标题:在如图 7-69 所示的方框 1 中可以填写新建页面的大标题。

图 7-69　新建新闻管理页面

第 7 章　网站　115

插入图片：对页面的描述有时会用图片展示，同时，图片比较吸引人，可以直观了解产品内容。可以从文件夹中选择自己要插入的图片，也可以从媒体库中寻找，插入的图片应该抓人眼球，具有吸引力。如图 7-70 所示，不仅可以插入图片，还可以插入外部链接。

图 7-70　插入图片

插入 PayPal 收款按钮（与 7.1.2 节中的步骤完全相同）：本板块是对新建的新闻管理内容的主要描述，包括富文本编辑器与 HTM 源码，最后输入 HTML 源码，如图 7-71 所示。

图 7-71　插入 PayPal 收款按钮

(1)富文本编辑器：Multi-function Text Editor,简称 MTE,是一种可内嵌于浏览器，所见即所得的文本编辑器。富文本编辑器不同于文本编辑器，程序员可到网上下载免费的富文本编辑器内嵌于自己的网站或程序里（当然，付费的功能会更强大一些），方便用户编辑文章或信息。比较好的文本编辑器有 KindeDitor、FCKeditor 等。常用的富文本编辑器有以下 10 种。

① TinyMCE：是一个开源的所见即所得的 HTML 编辑器，如图 7-72 所示的界面相当清新，界面模拟本地软件的风格，顶部有菜单栏。TinyMCE 支持图片在线处理，插件多，功能非常强大，易于集成，并且拥有可定制的主题；支持目前流行的各种浏览器，可以达到微软 Word 类似的编辑体验；它是开源免费的，现在使用这款编辑器的人非常多。

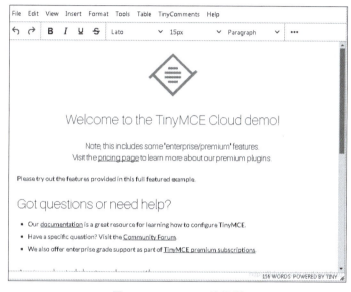

图 7-72　TinyMCE 编辑器

② CKEditor：如图 7-73 所示，CKEditor 也是一款非常经典的富文本编辑器，官方下载量过千万。它是在非常著名的 FCKeditor 基础上开发的新版本，FCKeditor 的用户现在基本都转移到 CKEditor 了。

CKEditor 有高性能的实时预览，它特有行内编辑功能，使得编辑内容更加直观，仿佛在编辑网页一样，有很强的可扩展性，被各大网站广泛运用。

③ UEditor：是由百度出品的富文本 Web 编辑器，如图 7-74 所示，具有轻量，可定制，注重用户体验等特点，开源免费。用过这款编辑器的人非常多，它的功能非常全，插件很多，还可以方便地插入百度地图，接入十分简单。2017 年之后百度没有怎么更新，不过现有的功能也足够用了。UEditor 分为 UE 版（全功能版）和 UM 版（精简版），大家可以根据自己的使用环境选择不同的版本。

④ wangEditor：轻量级，如图 7-75 所示，小巧实用，配置方便，使用简单，可以自定义皮肤功能，免费开源。用户数量很多，尤其是用在一些轻型环境，如论坛社区回帖。wangEditor 是国人出品的开源项目。

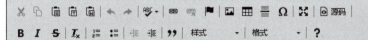

图 7-73　CKEditor 编辑器

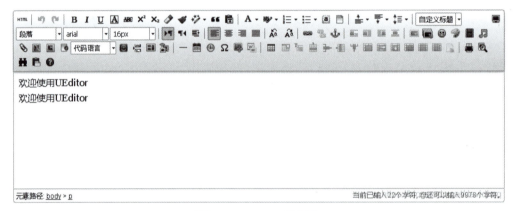

图 7-74　UEditor 编辑器

图 7-75　wangEditor 编辑器

⑤ kindEditor：kindEditor 的历史很久了，用户数也不少，由国内某公司出品，免费开源，如图 7-76 所示，其界面类似于 Office Word。kindEditor 的界面和功能中规中矩，文档齐全，使用还算方便。

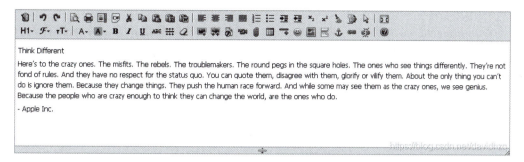

图 7-76　kindEditor 编辑器

⑥ Simditor：是 Tower 平台使用的富文本编辑器，是一款轻量化的编辑器，如图 7-77 所示，其界面简约，功能实用，插件不是很多，对功能要求不高的用户可以使用。

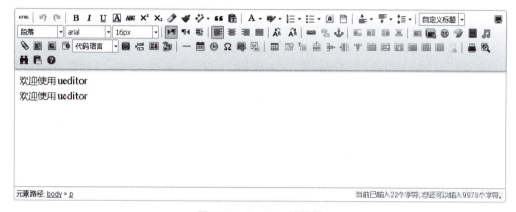

图 7-77　Simditor 编辑器

Simditor 虽然是产品牌，且开源免费，但需告知新用户其文档是英文的。

⑦ bootstrap-wysiwyg：是基于 Bootstrap 的轻型、免费开源的富文本编辑器，如图 7-78 所示，其界面简洁大方。使用 bootstrap-wysiwyg 需要先引入 bootstrap。

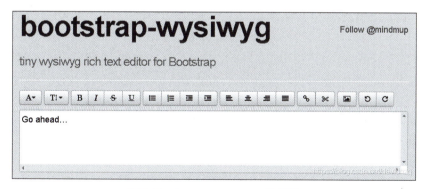

图 7-78　bootstrap-wysiwyg 编辑器

个人觉得 bootstrap-wysiwyg 这一长串像乱码一样的名字影响了它的推广和使用，毕

第 7 章　网站　119

竟轻型使用环境还是很多的。

⑧ summernote：如图 7-79 所示，summernote 是一款轻量级的富文本编辑器，比较容易上手，使用体验流畅，支持各种主流浏览器。summernote 开源免费，该项目一直比较活跃，一直都有人维护。summernote 同样依赖于 jQuery 和 bootstrap，使用 summernote 前须先引入这两项。

图 7-79　summernote 编辑器

⑨ Froala：如图 7-80 所示，Froala 是一款功能丰富的富文本编辑器，其界面分类清晰，容易集成，容易升级，支持主流浏览器，具有行内编辑功能。Froala 代码示例很多，可以集成在很多 JavaScript 框架里，如 React.js、Aurelia、Angular、Ionic、Django 等。Froala 的插件有很多，易于扩充功能。

图 7-80　Froala 编辑器

Froala 的前端是开源的，如果要使用后台，须交费（如果使用强大的 crack 技能，那是另外一回事）。目前有 3 个定价方式：基础版（239 美元）、专业版（1199 美元）和企业版（1999 美元）。

⑩ Quill：是轻型的编辑器，如图 7-81 所示，样式一般（黑白风），功能中等，它的代码高亮功能比较强，同样支持行内编辑模式，工具条可自定义。

Quill 开源免费，该项目活跃，一直有人维护。

（2）HTM 源码：HTM 源码也称 HTML，是代码超文本标记语言（标准通用标记语

图 7-81 Quill 编辑器

言下的一个应用,外语缩写为 HTML),是迄今为止网络上应用最为广泛的语言,也是构成网页文档的主要语言。HTML 文本是由 HTML 命令组成的描述性文本,HTML 命令可以说明文字、图形、动画、声音、表格、链接等。HTML 的结构包括头部(Head)、主体(Body)两大部分,其中头部描述浏览器所需的信息,而主体则包含所要说明的具体内容。

精简优化 HTML 的代码结构需做到以下几点。

① 减少 HTML 嵌套。

② 减少 DOM(文档对象模型)节点数。

③ 减少无语义代码。

④ 删除 http 或者 https,如果 URL(统一资源定位)的协议头与当前页面的协议头一致,或者此 URL 在多个协议头是可用的,则可考虑删除协议头。

⑤ 删除多余的空格、换行符、缩进和不必要的注释。

⑥ 省略冗余标签和属性。

⑦ 使用相对路径的 URL。

⑧ 文件放在合适的位置。

a. CSS 样式文件链接尽量放在页面头部。

原因:CSS 的加载不会阻塞 DOM Tree 的解析,但会阻塞 DOM Tree 渲染,也会阻塞后面 JavaScript 的执行。将 CSS 放在任何 body 元素之前,可以确保在文档部分中解析了所有 CSS 的样式,包括内联样式和外联样式,从而减少浏览器必须重排文档的次数。如果将 CSS 放在底部,就要等待最后一个 CSS 下载完成,此时会有长时间白屏,影响用户体验。

b. JavaScript 引用放在页面底部。

原因:防止 JavaScript 的加载、解析和执行,阻塞到页面后续元素的正常渲染。

⑨ 增强用户体验。

a. 设置 favicon.ico 图标。

原因:网站如果不设置 favicon.ico 图标,控制台就会报错。另外,页面加载过程中也没有图标加载过程,不利于记忆网站品牌,建议统一添加。

b. 增加首屏必要的 CSS 和 JavaScript。

原因:页面如果需要等待所依赖的 JavaScript 和 CSS 加载完成才显示,则在渲染过程中页面会一直显示空白,影响用户体验,建议增加首屏必要的 CSS 和 JavaScript,如页面框架背景图片或者 loading 图标内联在 HTML 页面中。这样做，首屏能快速显示出来，相对会减少用户对页面加载的等待过程。

图 7-82　缩略图

总览界面：包括标题、描述、主题。此板块可以让客户快速了解该页面的概况。

添加图片缩略图：单击此按钮可以快速插入图片（见图 7-82）。

发布和删除界面：对新建或者再次编辑的页面进行发布或者将其移至回收站。

补充：新闻写作技巧。

（1）内容：围绕企业、产品、行业、工厂等开展，如企业动态、公司展会、团队建设等原创性内容；也可以是产品知识，如产品操作指南、注意事项或者一些行业新闻、国家对行业政策的影响，以及国际环境对行业的变化等。

（2）长度：新闻字数并非越多越好，主要看有没有实质性的内容，一般来说，宽泛的主题需要的内容比狭窄的主题需要的内容多，建议最少字数为 300。

（3）小技巧：①标题简洁明了，包含关键词；②内容包含关键词，可适当插入内链，尽可能多一些 FAQ 类型的内容，满足用户需求，吸引访客。（在网络营销中，FAQ 被认为是一种常用的在线顾客服务手段，一个好的 FAQ 系统，应该至少可以回答用户 80% 的问题，这样不仅方便了用户，也大大减轻了网站工作人员的压力，节省了大量的顾客服务成本，并且增加了顾客的满意度。因此，一个优秀的网站，应该重视 FAQ 的设计）

3. 页面展示板块

该板块可以展示创建的所有页面，可以从中看到页面的标题和创建日期，以及简要描述和概况等内容（见图 7-83）。

图 7-83　页面展示板块

编辑页面：进入如图 7-84 所示的页面，对该页面再次进行编辑，之后发布更新。

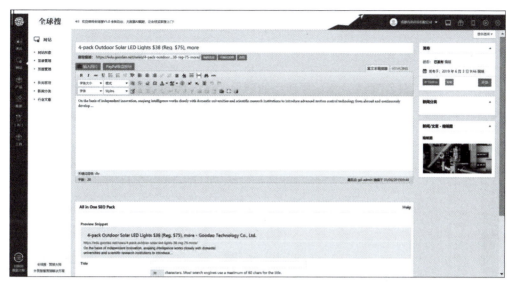

图 7-84　编辑页面

快速编辑页面：可以快速修改图 7-85 所示中的标题、别名、日期、新闻所属分类。

图 7-85　快速编辑页面

可视化装修：页面管理的主要阵地包括页面主页（设计风格）、产品、新通知和新产品、细节、联系我们和提出建议。具体操作与 7.3.2 节步骤相同。

7.5　新闻分类

7.5.1　简介

良好的新闻分类便于用户查找，节约时间，可提升用户满意度。本节内容包括新增新闻分类、搜索新闻分类以及批量操作 3 个板块。通过对已经发布的新闻进行分类，创建多个分类目录，分类过程中要注意子父级的对应，关注分类准确性。

7.5.2 操作指南

1. 新增新闻分类

图 7-86 中的"别名"是在 URL 中使用的别称,留空即可自动通过标题转换为 URL。

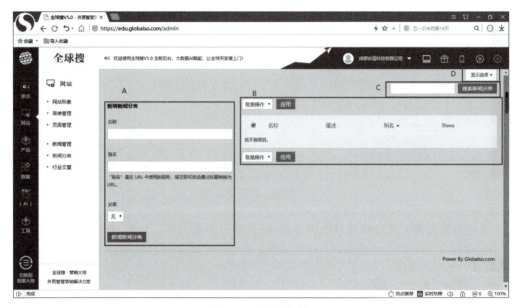

图 7-86 新闻分类

URL 格式:是指在 WWW 上,每一信息资源都有统一的且在网上唯一的地址,该地址就叫 URL(Uniform Resource Locator,统一资源定位器),它是 WWW 的统一资源定位标志,是指网络地址。

"**父级**"即层级关系,就是上一层,而这层就称为子级。子是可以继承父的属性的,这就是继承性。例如,"音乐"分类目录,在这个目录下可以有叫做"流行"和"古典"的子目录。在这部分可新增新闻分类板块名称以及别名,分类时应注意子父级对应且分类名称应便于查找。此外,负责新闻分类的人员应该随时关注顾客搜索情况,实时更新分类目录。

2. 搜索新闻分类

在此输入关键词可快速查找已有的新闻分类。

3. 批量操作

批量操作是指可同时处理多条已有的新闻。
单击图 7-87 中的"显示选项"可设置列表显示项目以及列表可显示新闻类别数量。

图 7-87　显示选项

第 8 章 产 品

知识导读

产品是指作为商品提供给市场,被人们使用和消费,并能满足人们某种需求的东西。全球通通过发布商家产品以满足顾客需求,实现商家与顾客共赢。本章主要通过产品发布、分类,以及对通用属性的描述等让客户更加全面地了解发布的产品。

学习目标

- 了解产品的发布过程
- 对产品进行正确分类
- 让顾客了解产品的通用属性

能力目标

- 使发布的产品对客户而言更有吸引力
- 正确分类便于顾客查找
- 精准描述产品的通用属性

8.1 产品发布

8.1.1 简介

产品发布是一件非常重要的事情,因为它通常决定产品未来能否获得成功。优秀的产品信息质量能够给产品带来更多的曝光,产品发布包含产品标题、产品基础设置、产品描述与相关产品、SEO 设置、产品目录几个板块的设置,主要通过这些操作发布新产品,让客户了解更多的产品信息,扩大平台受众。

8.1.2 操作指南

1. 产品发布

如图 8-1 所示,输入发布产品的产品名称。产品名称,也叫产品属性名称或者规范性名词,吸引顾客眼球、引发顾客兴趣是设计产品名称的主要目标。设计产品名称可借鉴以下几种方法。

图 8-1　产品发布页面

(1) "产品效果最高境界"命名法:了解客户使用这类产品想实现的目标并找到一个顶级且熟悉的词语进行命名,但不要用过于晦涩难懂的词。

(2) "直观形象"命名法:罗列出符合产品形象的最直观的感受并筛选出最合适的一个名字。

(3) "原材料"命名法:找出产品的主要原材料,最好是原材料的功能就能突出产品的功效(如核桃等于补脑,和产品效果一致),用一个词语进行概括。

(4) "潜意识"命名法:找到在产品交互场景中高频出现的词语,并用这个词语作为产品名称。

(5) "陌生的属性+熟悉的词语"命名法,要有一定创新,引起客户的好奇心。

(6) 由于全球通是跨境电子商务平台,最终发布产品名称时还应该设置产品的英文名称,在条件允许的情况下可添加更多的外文名。

2. 产品发布内容设置

产品发布内容设置如图 8-2 所示。

1) 基础设置

(1) 添加图片。

单击图 8-3 所示的"添加图片"按钮可上传产品照片建立产品相册,第一张图会自动调用为产品封面图,应谨慎选择具有吸引力的图片作为封面。建议 1∶1 的正方形图片,采用 600px×600px 或 400px×400px,切勿直接上传照片原图并且选择是否所有产品图自动显示在"产品描述"下方。

图 8-2　产品发布内容设置

图 8-3　基础设置

（2）Short Description。

文本编辑内容将会显示在产品列表页和产品页的短描述板块内（见图 8-4），如果留空，系统会自动调用产品描述里的文字内容（前 300 个字符）；本字段内容比较重要，建议认真填写，字符限制 300 个（见图 8-5），这个字段的内容同时会被调用到 SEO Meta Description［前 160 个字符］。

① 插入产品图片。

图 8-4 插入图片和 PayPal 收款按钮

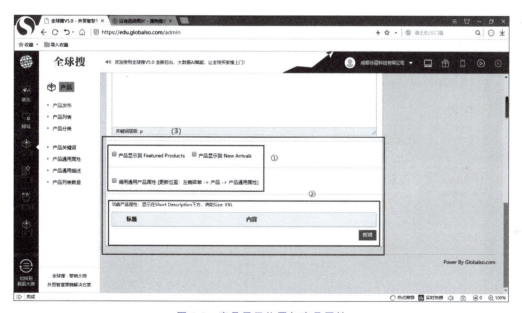

图 8-5 产品显示位置与产品属性

② 设置收款按钮，如图 8-6 所示。

③ 选择适当格式对产品进行 300 字内的简短描述，内容选取要点，描述产品外观、用途、质量、功能等关键特性。

（3）选择产品显示位置以及是否调用产品通用属性，内容较多时可单击"新增"按钮以便于描述。

第 8 章 产品

图 8-6　设置收款按钮

2）产品描述简易版（见图 8-7）

图 8-7　产品描述页面

①、②与 Short Description 的步骤相同。

③ 富文本编辑器，HTML 源码与 6.4.2 节相同，如图 8-8 所示。

3）产品描述可视化

完善产品信息后单击"发布"按钮，可视化装修功能会自动启用（见图 8-9），具体操作见 6.3.2 节。

图 8-8　HTML 源码

图 8-9　产品描述可视化

4）相关产品

如图 8-10 所示进行产品关联选择，如果留空，会自动按照相同的关键词关联，如果没有相同关键词的产品，会自动按照相同分类关联，每个产品最多关联 16 个产品。以通过引导关联销售，提高销售额。下面是设置关联产品的一些注意事项。

第 8 章　产品　131

图 8-10 相关产品页面

(1) 关联销售与套餐搭配。

将多个在相关情景中可以使用的产品放在一起进行推荐,此时你要做的就是设置一个场景,因为搭配只有在一定场景中才能显示出效果,激发消费者的购买欲望。

(2) 关联销售与清仓。

很少有人将关联销售与清仓联系起来,但是这样做可以大大提高清仓效率。对于服装类目的店铺来说,产品一旦款式过时或者积压库存过多,就需要快速处理掉,避免影响接下来的运营节奏,可采取同行类似商品的最低价的定价方法,尽量将价格压低,吸引消费者关注,同时可以加上关联营销,提高客单价,减少损失。有时做清仓促销不仅只是为了处理库存,还能为店铺引流,增加其他产品的销量,此时清仓款建议采用成本价,甚至可以低于成本价,然后通过关联销售,引导买家关注店铺主打款式,而其他款式可以采用套餐或者以赠品的方式推销清仓款,在实现清仓的同时,也能提高店铺的转化率和客单价。

(3) 关联产品价格。

相关产品的价格应该与原产品接近或低于原产品,价格不高,购买的决策过程就不需要太久,可以通过满减、满送的方式拉高客单价,提高访客价值,减少单位成本。如果主做的产品是通过低价或满减满送的方式卖货的,那么做关联的产品依旧要采取相应的方式。这样,在买家的价格心理中,已经是相同的认知,如果需要,可去了解相关产品的价格。相关产品页面如图 8-10 所示。

5) SEO 关键词

设置合适的 SEO 关键词。

然后选择产品所处分类目录,并在编辑完成后选择存为草稿还是立即发布。

3. 显示选项(见图 8-11)

第一步:选择想让列表显示的项目。
第二步:选择页面显示的产品分栏数目。

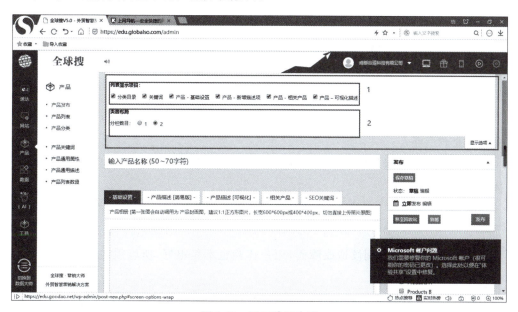

图 8-11 显示选项内容

8.1.3 如何做好产品描述

1. 产品描述的概念

产品描述是对产品进行一个整体、客观、能抓住产品卖点并将卖点以简单易懂的方式传递给目标客户,使得客户通过产品的描述对产品的性能、特点、基本功能等方面有清晰的了解,并且被这些描述所吸引,产生和提高购买产品意愿的手段。

2. 产品描述的作用

客户通过搜索找到产品,希望通过产品图片和文字描述了解产品信息。详细的产品描述不仅可以留住客户,获得询盘,也可以更好地展示企业形象和企业综合实力。

3. 产品描述常见的误区

(1)认为描述字数写得越多,搜索结果越靠前。
(2)在详细描述中仅填写公司介绍。
(3)产品描述中只有产品图片,没有文字描述。

4. 产品描述该怎么写

1）产品描述包含哪些方面

产品描述包含基础信息、产品详情、交易信息、物流信息等方面的信息。

2）产品描述的侧重点

产品描述的侧重点主要是四方面：表格描述、产品细节、生产流程、企业实力。

① 表格描述：用表格的形式表现产品的主要参数，这样会更加专业、简洁。

② 产品细节：细节分解图片，多维度地展示图片，这样可以帮助客户直观全面地了解产品构造。

③ 生产流程：让客户对生产工艺和生产技术的一些细节进行了解，让其可以感受到企业的专业和严谨。

④ 企业实力：质量控制和研发认证、国内外展会、包装运输、团队与企业文化等都可以体现出企业实力。

5. 注意事项

（1）一大段文字会给阅读造成障碍，用户体验也不是很好，所以须注意分段和标点符号的使用。

（2）慎用图片代替文字描述。不要图省事而用多张图片代替文字描述，因为搜索引擎蜘蛛不能准确地识别图片，更何况图中有那么多的文字，这样自然就不能抓取更多的产品关键词。另外，图片太多也会影响页面的加载速度。

（3）可以利用不同的字体、字号凸显重要信息。

（4）合理使用表格和数据，不仅可以加深企业的专业度，而且还会让访客的视觉从一大段文字中"跳"出来，缓解视觉疲劳，加深对产品的印象。

（5）描述字数要合理控制，其长短的意义在于信息是否丰富，是否从不同维度体现了产品的特性，是否解决了客户问题。好的产品描述技巧还有很多，除了可以借鉴上述技巧，还可以根据行业特性和产品特性用不同的风格诠释。

8.2 产品列表

8.2.1 简介

产品列表展示了当前所发布的所有产品，在列表页可以看到产品图、产品标题、分类、目录关键词标签、调用、日期、排序以及操作。也可以通过新建，发布产品信息。如果需对产品进行排序，通过排序号的填写，可将所有的产品进行序列号的排列。

8.2.2 操作指南

产品列表界面如图 8-12 所示。

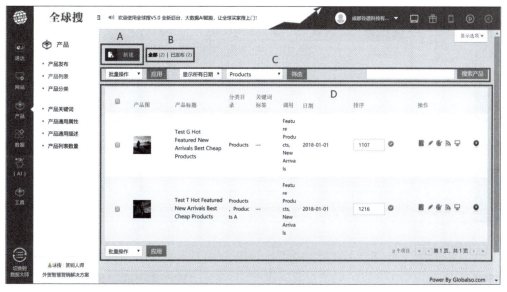

图 8-12 产品列表界面

显示项目如图 8-13 所示。

图 8-13 显示项目

首先进入新建页面，然后可新建产品信息，如图 8-14～图 8-16 所示。

图 8-14 新建产品信息（一）

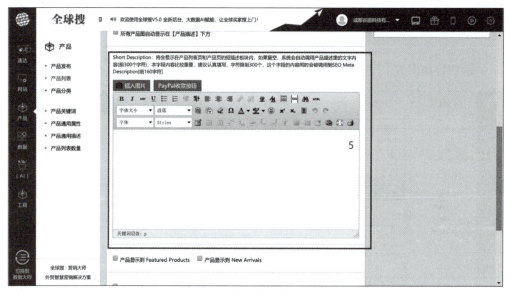

图 8-15 新建产品信息（二）

1. 输入产品名称

该部分为新建发布产品的标题，限制 50～80 个字符。优秀的产品标题有利于提高产品曝光率和流量，标题应满足顾客需求、通俗易懂、具有吸引力，可参考 8.1.2 节产品描述的做法。

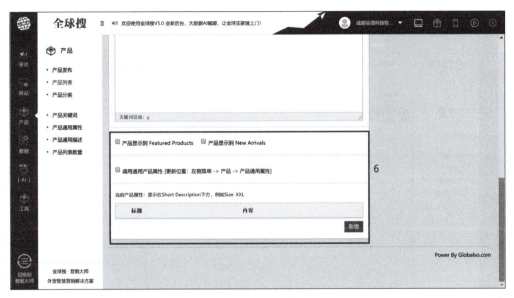

图 8-16 新建产品信息(三)

2. 产品信息设置

产品信息设置包括基础设置、产品描述[简易版]、产品描述[可视化]、相关产品、SEO关键词,分别如图 8-17～图 8-21 所示。

图 8-17 基础设置

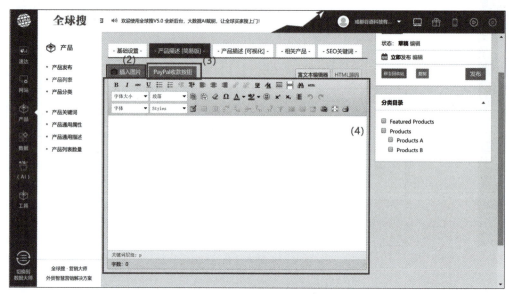

图 8-18　产品描述［简易版］

图 8-19　产品描述［可视化］

图 8-20　相关产品

图 8-21　SEO 关键词

列表显示项目如图 8-22 所示。

1）基础设置

在基础设置中需要添加产品图片，制作产品相册［第一张图会自动调用（调用是将程序的执行交给其他的代码段，通常是一个子例程，同时保存必要的信息，从而使被调用段执行完毕后返回到调用点继续执行）为产品封面图，建议为 1∶1 的正方形图片，600px×

图8-22 列表显示项目

600px 或 400px×400px，切勿直接上传照片原图］。添加图片按钮一栏中间的两个按钮可切换图片浏览模式。在右下方可勾选是否所有产品图自动显示在"产品描述"下方。

2）产品描述[简易版]——添加媒体

第一步：单击"添加媒体"进入编辑页面，如图8-23所示。

图8-23 选择添加媒体

选择展示图如图8-24所示。

第二步：进入编辑页面后，编辑内容分为3部分。添加媒体（见图8-25）可以上传自

图 8-24 选择展示图

己的文件或者在媒体库中寻找合适的素材。选择展示图的操作步骤和添加媒体的操作步骤一样。

图 8-25 选图示例

插入外部连接：如图 8-26 所示，输入外部连接的链接，并输入标题即可插入编辑框。

3）产品描述[简易版]——PayPal 收款按钮

如图 8-27 所示，首先单击"PayPal 收款"按钮进入编辑界面，然后输入产品名称、产品价格，设置收款码位置浮动，最后单击"插入短码"按钮即可插入短码。

图 8-26　插入外部连接

图 8-27　插入 PayPal 收款按钮

4）产品描述［简易版］——产品描述编辑框

需要在产品描述编辑框（见图 8-28）输入产品描述（简易版），其中编辑器分为富文本编辑器和 HTML 源码（见图 8-29）两种。

5）产品描述［可视化］（见图 8-30）

第一步：首次发布产品须完善基本产品信息。

第二步：单击"发布"，发布后会自动启用可视化装修功能。

图 8-28　产品描述编辑框

图 8-29　HTML 源码

6）相关产品

第一步：在搜索框内输入产品关联词。

第二步：进行选择，如果留空，会自动按照相同的-关键词-关联，如果没有相同关键词的产品，会自动按照相同分类关联。每个产品最多关联 16 个产品，对应产品会在右边的框内展示出来，如图 8-31 所示。

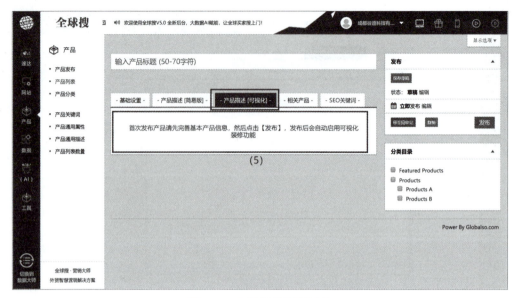

图 8-30 产品描述［可视化］

图 8-31 相关产品

7）SEO 关键词

如图 8-32 所示，在输入框内输入关键词，多个关键词用英文逗号(,)分开，若要取消关键词，则单击关键词前的小图标。通过下方的快捷按钮可选择已添加的关键词。通过左侧导航栏中的关键词标签 可查看已添加的所有关键词列表，选择的关键词会自动添加到 SEO Meta Keywords。建议每个产品选择 3～10 个相关关键词，可以使用全球搜 AI 关键词挖掘系统，也可以咨询全球搜优化顾问。相关知识见 6.3.2 节部分。

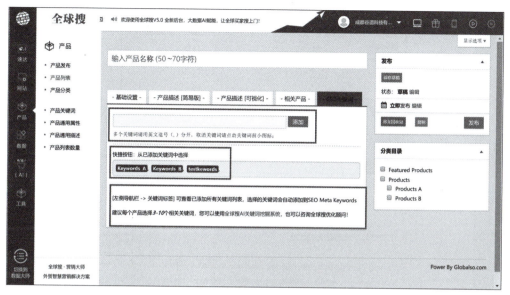

图 8-32　SEO 关键词

8）显示选项

如图 8-33 和图 8-34 所示,首先单击右上角的"显示选项",弹出"列表显示项目"选择框,然后勾选显示或不显示分类目录、关键词、产品-基础设施、产品-新增描述项、产品-相关产品及产品-可视化描述。页面布局的分栏数目也可进行更改。

图 8-33　显示选项

图 8-34 显示选项内容

3. 分类目录

如图 8-35 所示,分类目录可将产品进行分类并整理成目录,方便查找。

图 8-35 分类目录

4. 发布

发布页面如图 8-36 所示。

图 8-36 发布页面

（1）状态。

从状态中可以选择"草稿"或"等待复审"选项。

（2）立即发布。

从立即发布中可以选择发布时间。

（3）移至回收站，复制，发布。

5. 简短描述

简短描述将会显示在产品列表页和产品页的短描述板块内，如果留空，系统会自动调用产品描述里的文字内容（前 300 个字符）；本字段中内容比较重要，建议认真填写，字符限制 300 个，这个字段中的内容同时会被调用到 SEO Meta Description［前 160 个字符］，在某些情况下也会出现在搜索引擎结果中。

1）简短描述在文中的位置

简短描述的元素标签为＜shortdesc＞，是一个主题的第一个段落，其有效位置有以下 3 种。

① concept、task 和 reference 主题的＜title＞元素和 topic body 之间。

② 元素内，位置也位于＜title＞元素和 body 主体之间。

③ DITA map 文件中的＜topicref＞元素内。

2）简短描述在文中的作用

简短描述通常有以下几种用途。

① 一个主题的第一个段落。

② 相关链接或子主题链接的链接预览（相关链接的悬停文本或者子主题链接下方的文本）。

③ 作为搜索引擎搜索结果的摘要。

3) 如何写好简短描述

如何简洁、高效地写好简短描述？简短描述应该描述整个主题的目的和中心点，通常可以关注以下两个问题。

① 该主题是关于什么的？

② 为什么用户需要关注该主题，或者用户需要从中获得什么信息？

注意：为确保所有主题都包含简短描述，建议将＜shortdesc＞的属性规定成required，并且增加发布规则，在该元素缺失时提醒错误。确保简短描述使用的是完整的句子，语法正确，标点恰当，并且符合风格指南。不要在简短描述中引入列表、图片或者表格。确保简短描述简洁，一般字数控制在35个字内，极少数情况下，50个字为上限。

4) 任务主题中的简短描述

任务主题中的简短描述写作指导可回答以下问题。

① 该任务能帮助用户完成什么？

② 进行该项任务的好处是什么？或者为什么该项任务重要？

③ 用户在何时执行该任务？

④ 执行任务需要用到什么？

⑤ 为什么用户需要完成任务？

⑥ 该项任务是如何与其他相关任务联系的？

请记得：

① 关注任务的益处或重要性。

② 提供任务步骤的概览。

③ 关注实际目标，而不是产品功能。

④ 提供简短的概念性信息。

⑤ 说明各个任务是如何关联的。

5) 概念主题中的简短描述

概念主题中的简短描述写作指导可回答以下问题。

① 对象、概念是什么？

② 为什么用户必须关心这一对象、概念？

请记得：

① 简要给对象或概念下定义。

② 解释为什么用户需要理解这一概念。

6) 参考主题中的简短描述

参考主题中的简短描述写作指导可回答以下问题。

① 这个对象是做什么的？

② 这个对象是如何工作的？

③ 这个对象用于什么或者为什么它有用？

请记得：

① 给对象下定义或者解释该对象用于做什么。

② 说明用户为什么使用这个对象。

简短描述界面如图 8-37 所示。

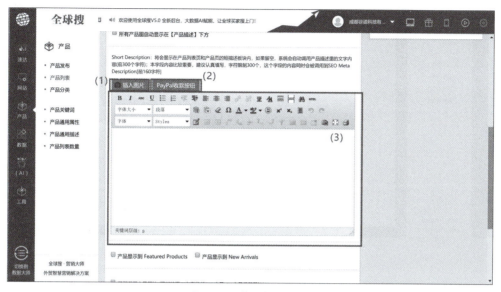

图 8-37 简短描述界面

1）插入图片

第一步：单击"添加媒体"进入编辑页面，如图 8-38 所示。

图 8-38 添加媒体

第二步：进入编辑页面，编辑内容分为 3 部分。通过"添加媒体"可以上传自己的文件，或者在媒体库中寻找合适的素材。选择展示图（见图 8-39）的操作和添加媒体的操作一样。

图 8-39　选择展示图

插入外部连接：输入外部连接的链接，并输入标题即可将连接插入编辑框，如图 8-40 所示。

图 8-40　插入外部连接

2）PayPal 收款按钮

首先单击"PayPal 收款"按钮进入编辑界面，然后输入产品名称、产品价格及位置浮动（见图 8-41），最后单击"插入短码"即可插入短。

3）编辑框

与产品描述编辑框格式一样，但简短描述编辑框没有 HTML 源码格式（见图 8-42）。

图 8-41　设置收款按钮

直接运用富文本编辑器即可。

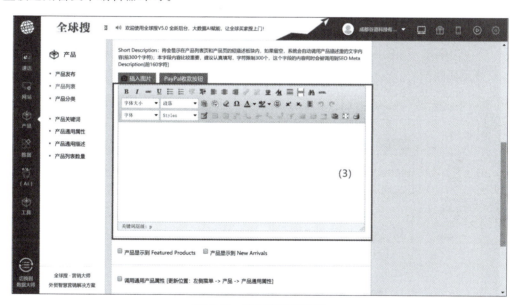

图 8-42　简短描述编辑框

6. 产品属性

如图 8-43 所示，下方有对产品展示的相关选择："产品显示到 Featured Products""产品显示到 New Arrivals""调用通用产品属性［更新位置：左侧菜单→产品→产品通用属性］"。

图 8-43　产品属性

当前产品属性：显示在 Short Description 下方，例如 Size：XXL。

分类：可查看全部产品信息或已发布产品信息。

对产品信息的操作有应用操作、筛选查找。

① 应用操作。如图 8-44 所示，可选择对产品信息进行相关操作，如选择批量操作、编辑，或移至回收站。

图 8-44　对产品信息的操作

② 筛选查找。如图 8-44 所示，可从日期、分类目录以及产品标题进行产品信息的查找。

- 产品信息框：主要包括产品信息和操作两部分。
- 产品信息：如图 8-45 所示，该部分展示了产品图、产品标题、分类目录、关键词标签、调用、日期以及排序。

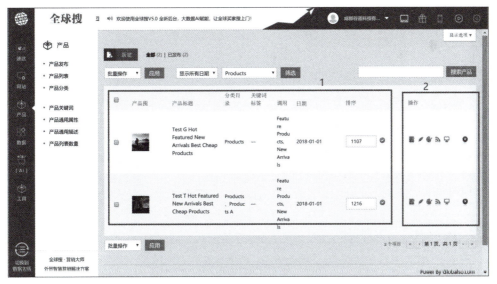

图 8-45　产品信息框

- 操作：如图 8-46 所示，在最右方的操作里有 6 个小按钮，分别为编辑、快捷编辑、可视化装修、社交分享、查看、移至回收站。

图 8-46　产品相册

1）编辑

单击"编辑"进行当前产品的编辑。编辑的步骤与新建产品信息的步骤相同。

产品信息编辑页面如图 4-47 所示。

图 8-47　产品信息编辑

2）快捷编辑

单击"快捷编辑"不进入具体产品页，而是直接在列表页面进行快速的产品标题、分类信息的编写。列表产品编辑如图 8-48 所示。

图 8-48　列表产品编辑

3）可视化装修

对产品详情进行可视化的装修，能够直观清晰地布局整个页面排版。

4）社交分享

能够一键将当前的产品分享到我们所有绑定过的社交平台上。

5）查看

单击"查看"可以直接查看当前产品页面,如图 8-49 所示。

图 8-49　当前产品页面

6）移至回收站

单击"移至回收站"按钮可以删除产品信息至回收站。

显示选项：首先单击界面右上角的"显示选项",弹出列表显示项目选择框,如图 8-50 所示,然后勾选显示或不显示产品图、产品标题、分类目录、关键词标签、调用、日期及排序（见图 8-51）。产品显示数量也可进行更改。

图 8-50　显示选项（一）

图 8-51　显示选项(二)

8.3　产品分类

8.3.1　简介

产品分类模块是编辑所有产品的分类,在这里我们需将企业产品所属的所有分类添加进去,方可在产品发布的时候有对应分类的展示。

在产品分类页面只需填写产品分类名称,并勾选产品所属父级,之后单击"添加新分类目录"即可。

8.3.2　操作指南

添加新分类目录:如图 8-52 所示,首先在输入框内填入新分类目录的名称、别名并选择父级;然后单击"添加新分类目录"即可。

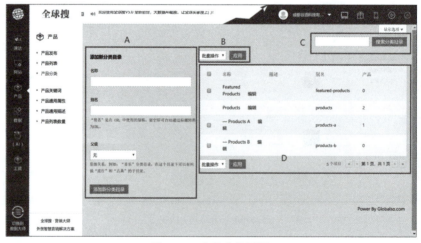

图 8-52　产品分类页面

列表显示项目：以产品名称、描述以及别名进行显示，如图 8-53 所示。

图 8-53　显示选项

应用：如图 8-54 所示，可选择批量操作或删除选项，以便于对产品信息进行操作。

图 8-54　应用

搜索分类目录：通过关键词等产品相关信息查找需要的产品信息。

产品信息框：展示了产品分类的名称、描述以及别名，如图 8-55 所示。

第一步：单击"编辑"进入如图 8-56 所示的编辑分类目录页面，对已有的分类目录重新进行编辑更新。

第 8 章　产品　157

图 8-55　产品分类的名称

图 8-56　编辑分类目录

第二步：填入分类目录的名称、别名和父级，以及调用筛选（输入筛选项目名称，若有多个名称，则用逗号分隔）。

第三步：单击"更新"按钮即可。

单击如图 8-57 右上角所示的"显示选项"，弹出如图 8-58 所示的列表显示项目，之后勾选显示或不显示描述、别名及产品。也可对分类目录数量进行更改。

图 8-57 显示选项

图 8-58 列表显示项目

8.4 产品关键词

8.4.1 简介

在产品关键词中可以录入非常多的产品相关关键词,方便在产品发布的时候为产品勾选相应的关键词标签,也可以在搜索框内搜索寻找产品关键词,为产品信息的查找提供便利。如果选择了不合适的关键词,就会浪费大量的时间和金钱。关键词的重要性不言而喻。可以通过分析关键词热度优化关键词的设置,以及对相关产品进行更多的推送。

8.4.2 操作指南

热门关键词（见图 8-59）：从该部分可以查看产品关键词中的热门关键词，更直观地了解产品信息及其关键词。

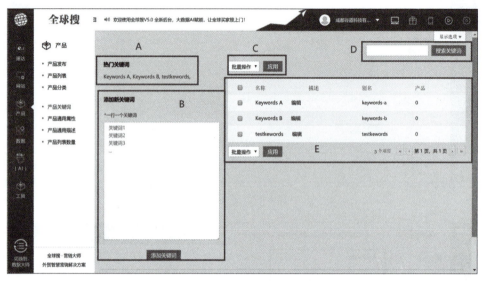

图 8-59　产品关键词页面

添加新关键词（见图 8-59）：首先在输入框中输入要添加的新关键词，一行一个关键词；然后单击"添加关键词"按钮即可。

应用：可选择批量操作或删除选项，以便于对产品关键词进行操作。

搜索分类目录：对相关关键词进行搜索。

列表显示项目：以描述、别名及产品进行显示，如图 8-60 所示。

图 8-60　列表显示项目

产品关键词框：展示了产品关键词的名称、描述及别名，如图 8-61 所示。

图 8-61　产品关键词

如图 8-62 所示，首先单击"编辑"进入编辑页面，对产品关键词重新进行编辑；然后在编辑关键词输入框中依次输入名称和别名；最后单击"更新"按钮。

图 8-62　关键词名称和别名

显示选项：单击右上角的"显示选项"（见图 8-63），弹出列表显示项目选择框，如图 8-64 所示；勾选显示或不显示描述、别名及产品。也可更改关键词数量。

图 8-63 显示选项

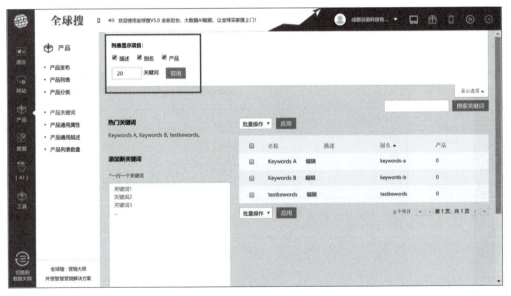

图 8-64 列表显示项目

8.4.3 分析关键字热度的工具及技巧

1. 谷歌关键字规划师（Google Keywords Planner）

（1）打开 Google Adwords，其网址为 https://ads.google.com/。

在使用谷歌关键字规划师之前，需要申请一个谷歌 Ads 账号。最好新申请一个 Gmail 邮箱来注册，如图 8-65 所示。

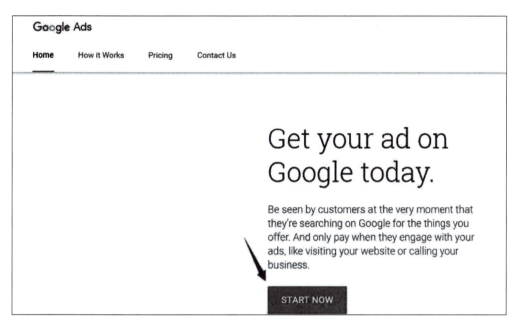

图 8-65　申请邮箱

接下来进入电话号码验证(见图 8-66)环节,选择中国,输入电话号码,若提示该电话号码不能用于验证,应该怎么办？这时可以使用中国香港地区的 VPN,需要注意的是,在验证手机号码的时候,还是选择中国,输入你的手机号,这时你的手机就会收到验证码,输入验证码,接下来就注册成功了。同时需要绑定一张卡,如果不投放广告,这张卡是不会产生费用的。网址和关键字预算可以随便填写。

图 8-66　电话号码验证

（2）进入谷歌 Ads 账号,选择页面右上方的"工具",从下拉菜单中选择"关键字规划师",如图 8-67 所示。

以关键字 steel tube 为例,可以看到关键字的每月搜索量和热度,如图 8-68 所示。

注意：务必选择好左上方的位置和语言,也可以单击"下载关键字提示",把需要的关键字下载下来。

图 8-67 关键字规划师

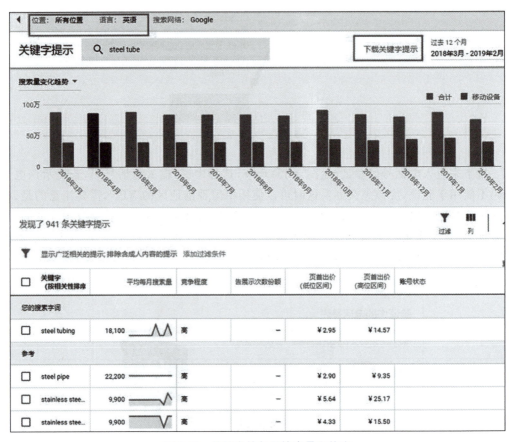

图 8-68 关键字的每月搜索量和热度

（3）谷歌关键字规划师还有一个隐藏功能，就是可以使用网址反向查找关键词。

可以输入同行中做得比较好的竞争网站，在查找关键词的位置输入网址（见图 8-69），就可以对竞争对手的关键词进行研究和分析了。

谷歌关键字规划师算是非常好用的免费关键词工具，不管对于新手还是资深人士来说，它都算得上一款非常友善的工具，大家能从中不断学习，不断提高，它的"兼容性"非常不错。

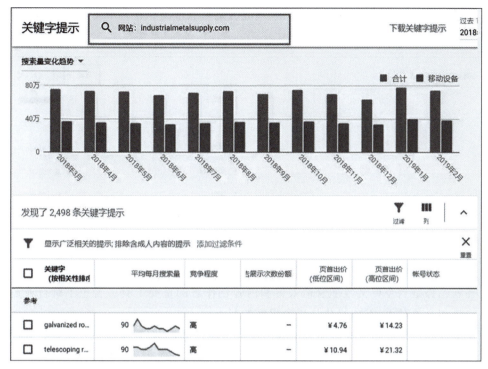

图 8-69 输入要查找的网站网址

2. 谷歌趋势

可以利用谷歌趋势(Google Trends)这个工具查看关键字在某段时间的受欢迎程度和搜索趋势,直观的图表更有利于我们分析关键字的热度。

同样以 steel tube 为例,可以在关键字的下方选择地区、时间等,如图 8-70 所示。也可以加入一些其他的关键字来比较。

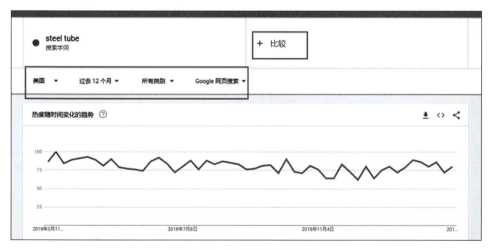

图 8-70 分析关键字的热度

第 8 章 产品

可以切换不同的区域,查看哪些国家或地区是重点市场和新兴市场,了解行业趋势并有针对性地做营销计划,如图 8-71 所示。

图 8-71　查看不同国家或地区的市场

谷歌趋势是当今英文数字营销人员和内容创作者的重要工具。若想了解行业趋势、产品趋势和竞争对手,谷歌趋势是一个很好的起点。

还可以通过谷歌趋势衡量品牌的知名度和市场份额,了解竞争对手并做竞品分析。

8.5　产品通用属性

8.5.1　简介

产品通用属性(见图 8-72)是指所有产品通常使用的属性。在通用属性左侧添加属性名,再在右侧添加属性值,即可为所有产品添加通用属性。常用的属性有最小订单数、出货港口等。

图 8-72　产品通用属性

产品属性是指产品本身固有的性质,是产品在不同领域差异性(不同于其他产品的性质)的集合。也就是说,产品属性是产品性质的集合,是产品差异性的集合。决定产品属性的因素,由以下不同领域组成。每个因素在各自领域分别对产品进行性质的规定。产品在每个属性领域体现出的性质在产品运作过程中所起的作用不同、地位不同、权重不同,呈现在消费者眼前的产品就是这些不同属性交互作用的结果。

8.5.2 操作指南

标题:在如图 8-73 所示的板块添加属性,如图 8-73 中列出的 3 个属性。

图 8-73　添加属性

第一步:单击 FOB Price,输入离岸价格;第二步:单击 Min.Order Quantity,输入最小订单量;第三步:单击 Supply Ability,输入供应能力;第四步:单击"新增"按钮,可以在示例给出的 3 个通用属性外新增所需的通用属性。

FOB Price:离岸价格,也称船上交货价格,是卖方在合同规定的港口把货物装到买方指定的运载工具上,负担货物装上运载工具为止的一切费用和风险的价格。按照国际贸易惯例,一般买卖双方责任的划分如下:①卖方责任,负责在合同规定的港口和日期或期限内,将货物装上买方指定的运载工具,向买方发出装船通知,负担货物装上运载工具前的一切费用和风险,负责办理出口手续,交纳出口税,提供出口国政府或有关方面的签证,负责提供有关的货运单据。②买方责任,负责租船订舱,支付运费,并将船名、船期及时通知卖方,负担货物装上运载工具后的一切风险和费用;负责办理保险,支付保险费,接受卖方提供的有关货运单据,支付货款;负责在目的港收货,办理进口手续,交纳进口税。离岸价格如果采用船舶以外的其他运载工具,应分别注明,如"火车上交货价格""卡车上交货价格""飞机上交货价格"等。

Min.Order Quantity:最小订单量、起购量。

Supply Ability:供应能力,指顾客需要时,厂家或商家可提供产品和服务的能力,包括运输、产品数量、质量、后期维护、设备等方面。

内容：在此板块添加属性值，如图 8-74 所示。

图 8-74　添加属性值

第一步：单击"US＄0.5 -9,999/Piece"，对离岸价格的属性值进行填写；第二步：单击"100 Piece/Pieces"，对最小订单量属性值进行填写；第三步：单击"10000 Piece/Pieces per Month"，对每个月的供应量进行填写。

US＄0.5 -9,999/Piece：离岸价属性对应的属性值，如 FOB Price：US＄2 -30/Piece 表示每个（只、片、条、根、张等）离港价 2.30 美元（2 美元 30 美分）。

100 Piece/Pieces：对应的最小订单量属性对应的属性值。

10000 Piece/Pieces per Month：指每个月的供应量，是供应能力属性对应的属性值。

新增：可以单击"新增"添加产品属性栏（见图 8-75），添加我们想要添加的产品属性和属性值。

图 8-75　添加产品属性栏

如何填写产品属性？

作用：产品属性是对产品特征及参数的标准化提炼，便于买家在属性筛选时快速找到你的产品。

填写要求：填全系统给出的属性。

(1) 一个属性等于一次展示机会，所以应填全系统给出的属性，必要时可以添加自定义属性，更全面地描述你的产品信息。

(2) 属性字段分为标准属性和自定义属性：标准属性只能选择属性值；自定义属性的属性名和属性值都需要手动添加。例如，前面空格填写 Color，后面空格填写属性值 Red 即可。

常见误解：

(1) 属性是否填全，对搜索结果无影响，若买家需要了解更多的产品特征，可以在详细描述中查看或从线下了解。

实际上，不填属性会影响你的信息的完整度，从而影响搜索结果以及后续的单击转化等；属性填写不全，买家通过属性筛选时则无法找到你的产品，一个属性等于一次展示机会。

(2) 属性中出现关键字可以增加信息相关性，使信息的搜索结果靠前。

实际上，属性中是否出现关键词无任何影响，在属性中罗列无意义的关键字会降低产品的专业度。

(3) 自定义属性填得越多，搜索结果越靠前。

实际上，自定义属性是在系统属性不能满足你的需求的情况下，供你自行设定产品特征而用的，其填多少并不影响搜索结果。

发布：

状态一栏有"已发布""等待复审"和"草稿"三者可供选择；在发布于一栏单击，进行年、月、日、时的选择；若不需要编辑的信息，则单击"移至回收站"，若需要复制所编辑的信息，则单击"复制"，若需要更新发布信息，则单击"更新"，如图 8-76 所示。

图 8-76　发布页面

第 8 章　产品　169

状态：从状态一栏中可以选择"已发布""等待复审"和"草稿"3个选项之一。

发布于：从发布于一栏可以对发布时间进行编辑。可将编辑好的产品通用属性移至回收站，或对其复制、更新。

显示选项：如图8-77所示。

图8-77 显示选项

列表显示项目：在列表显示项目中勾选"产品-通用属性"，方可显示如图8-78所示的页面，否则产品-通用属性页面将会隐藏。

图8-78 列表显示项目

页面布局：在页面布局中，分栏数目有1和2两种选择，选择1是将产品-通用属性和发布在一栏中纵向排列（见图8-79），选择2是将产品-通用属性和发布分两栏排列，如

图 8-80 所示。

图 8-79 页面布局（一）

图 8-80 页面布局（二）

8.6 产品通用描述

8.6.1 简介

产品通用描述（见图 8-81）一般与产品描述并列显示，同产品通用属性类似，是为所有产品添加通用的产品描述。

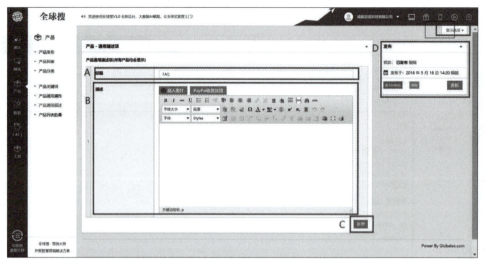

图 8-81　产品通用描述

8.6.2　操作指南

1. 标题栏

在此可输入标题。FAQ 是英文 Frequently Asked Questions 的缩写,其中文意思是"经常问到的问题",或者更通俗地叫作"常见问题解答"。FAQ 是当前网络上提供在线帮助的主要手段,通过事先组织一些可能的常见问答对,发布在网页上为用户提供咨询服务。

2. 描述栏(见图 8-82)

图 8-82　描述栏

（1）单击"插入图片"即可选择插入产品通用描述所需的相关图片。

（2）通过单击"PayPal 收款"按钮可对产品名称、产品价格、位置浮动进行设置（见图 8-83），同时还可以插入短码。

图 8-83　设置收款按钮

（3）通过编辑框可对文本进行编辑，包括字体设置、段落设置等。

（4）在文本框中输入对产品的通用描述，主要描述消费者关心的问题，如价格、质量等，描述应言简意赅。

3. 新增

单击"新增"可增加产品通用描述项。

4. 发布

（1）在状态一栏单击下拉列表框，有"已发布""等待复审"和"草稿"三者可供选择。

（2）在发布于一栏可进行年、月、日、时的选择。若不需要编辑的信息，则单击"移至回收站"按钮，若需要复制所编辑的信息，则单击"复制"按钮；若需要更新发布的信息，则单击"更新"按钮，如图 8-84 所示。

5. 显示选项

显示选项如图 8-85 所示。

（1）勾选列表显示项目中的产品-通用描述项，方可显示产品-通用描述页面，否则产品-通用描述页面将会隐藏，如图 8-86 所示。

（2）在页面布局中，分栏数目有 1 和 2 两种选择，若选择 1，则是将产品-通用描述和发布在一栏中纵向排列（见图 8-87）；若选择 2，则是将产品-通用描述和发布分两栏排列（见图 8-88）。

图 8-84 发布页面

图 8-85 显示选项

图 8-86 列表显示项目

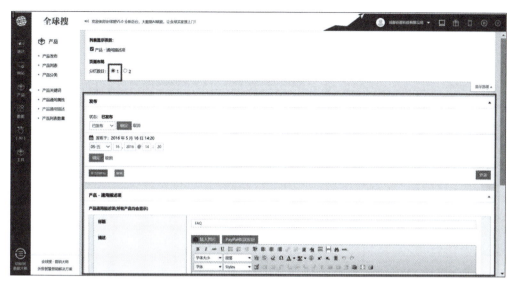

图 8-87　纵向排列

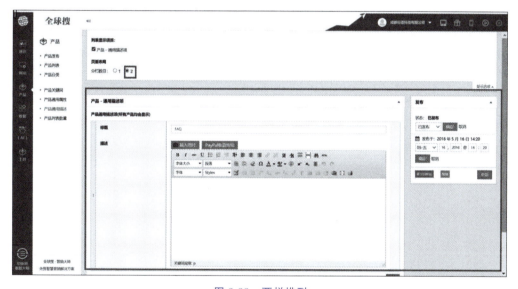

图 8-88　两栏排列

8.7　产品列表数量

8.7.1　简介

产品列表数量是设置产品列表页面显示的产品数量,如图 8-89 所示。

图 8-89　产品列表页显示数量设置页面

8.7.2　操作指南

首先单击产品列表页显示数量进入产品列表页显示数量设置页面；然后单击数值后的上下箭头对产品列表显示数量进行调整；最后单击"保存更改"按钮进行保存。

产品列表页显示数量的默认值为12，可以通过显示框右侧的上下箭头将其调整至需要的数值。

第 9 章

数 据

知识导读

在计算机系统中,各种字母、数字符号的组合、语音、图形、图像等统称为数据。数据经过加工后就成为信息。在计算机科学中,数据是指所有能输入计算机并被计算机程序处理的符号的总称,是用于输入电子计算机进行处理,具有一定意义的数字、字母、符号和模拟量等的通称,是组成地理信息系统的基本要素,种类很多。本章网站的数据模块主要由 10 个子模块组成,分别为询盘统计、访问明细、流量趋势、访问来源、地域分布、受访页面、访问终端、优化关键词、客户检索词和月度报告。数据模块是网站的优化推广数据的各项集合,在这里可以看到网站的优化详情。

学习目标

- 了解数据的处理方式
- 了解数据的查询方法
- 了解数据的比较

能力目标

- 熟练比较数据
- 增强提炼数据的能力
- 根据数据变化精确掌握市场动向

9.1 询盘统计

询盘(enquiry)也叫询价,是指交易的一方,即准备购买或出售某种商品的人向潜在的供货人或买主探寻该商品的成交条件或交易的可能性的业务行为,它不具有法律上的约束力。询盘的内容涉及价格、规格、品质、数量、包装、装运以及索取样品等,而多数只是询问价格,所以,业务上常把询盘称作询价。用数据分析询盘的方式,不仅可以修正我们的感知偏差,还可以让运营现状呈现得更加清晰、直观,有利于我们做出正确的思考和决策。

询盘分析：询盘与时间的关系可以让我们知晓店铺询盘大多来自哪些时间，分布情况如何，以及细分到各个国家时，不同时间段询盘的分布情况。询盘分析不论是对精细化的直通车推广，还是细分市场，做人群画像，都有十分重要的指导意义。

此外，除询盘与时间的关系，还可以分析国家与产品偏好的关系。从不同国家对产品的询盘数据汇总可以发现，有些国家的询盘多数都针对同一款产品，基于此，可以对这个国家的此类产品进行深挖，在使用方式或偏好原因上寻找新的营销点，对推广或产品改进也有一定的指导意义。例如，针对某产品询盘多的国家，适当加大推广溢价。

从询盘统计中不仅可以看到当月和共计询盘量，还可以看到本月询盘国家排列，从侧面扇形图中可以明确看出每个国家的询盘量在总询盘量中的占比。

如图9-1所示，询盘统计以年、月为单位分割，分别列出了2021年5月以前的询盘统计数据。

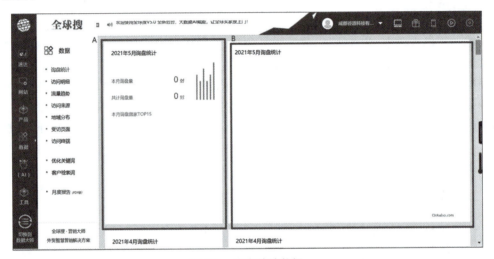

图 9-1　询盘统计数据

从询盘统计数据的细化，可以详细了解数据大小、数据分布。

9.2　访问明细

访问明细显示了客户按访问时间依次记录网站最近的访问情况。

（1）访问明细中包括浏览时间、访客来源、访问入路页面、访问终端、访客 IP、访客地区、访客深度、询盘转化和访问详情。其中访问详情可以显示单个访客的基本访问情况。

（2）查看搜索引擎爬虫流量：详细显示客户引用的浏览时间、访客来源、访问入路页面、访客终端、访客 IP、访客地区、访客深度、访问详情。

9.3　流量趋势

流量趋势主要展示一个月中的共计 IP（独立访客）和共计 PV（访客次数），以及当月询盘量和访问最多的 10 个国家，如图9-2所示。

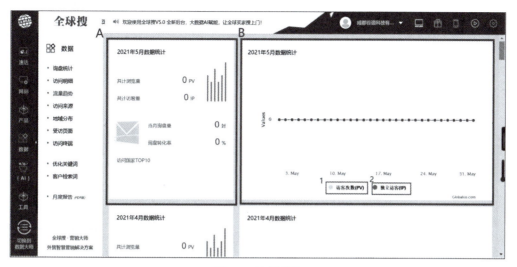

图 9-2 流量趋势

展示每年的月份数据统计,宏观展示共计浏览量和共计访客量,以及当月询盘量、询盘转化率和访问国家 TOP10。从右侧的走势图可以更加形象地看到每天 IP 和 PV 量的起伏。

① PV 为访客次数;

② IP 为独立访客,利用折线图的直观展示一个月以来的访问量走势。

流量总体趋势分析:①研究波动规律;②分析明显峰值或者谷值出现的时段,结合时段特点判断波动现象是否正常。

9.4 访客来源

9.4.1 简介

访客来源:用户通过什么途径进入网站,常见的有 Google、Bing、Yandex 等搜索引擎。通过单击收藏夹网址、外链、邮件所含链接、谷歌合作网站平台(如 YouTube 等)、地址栏直接输入网址等途径进入网站的,访客来源为空。

网站访客的来源渠道众多,网站分析系统能够根据自身处理逻辑,对网站访客来源进行分割、匹配。访客来源分为多种,常用的有以下几种。

- 直接(direct)访问:用户直接输入网址、收藏夹、邮件客户端、手机 App,用户从本地单击链接(如 Excel、QQ 聊天)等。
- 推荐(referral)访问:用户从其他网站单击链接访问。
- 自然搜索(organic search):用户从搜索引擎的搜索结果访问。
- 付费搜索(paid search):用户从 SEM(搜索引擎营销)的推广访问。
- 邮件(email)访问:用户从线上邮箱访问。
- 社交(social)访问:用户从新浪微博、脸书、推特等社交网络访问。

- 显示（display）广告：用户从显示广告访问。

9.4.2 操作指南

单击"访问来源"即可查看当前月份及以前的相关数据，下面以 2021 年 3 月为例展示相关内容，如图 9-3 所示。

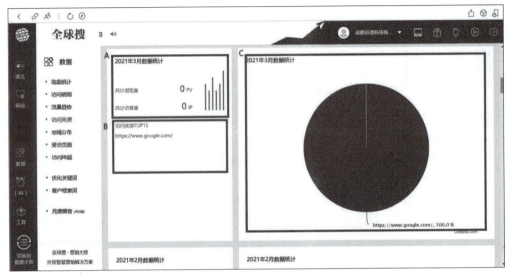

图 9-3 访问来源（一）

单月数据统计：访问数据统计展示了各月的浏览量与访客量，这里需要区分浏览器与访客量这两个概念。

如图 9-4 所示，浏览量，即 PV（Page View），指用户访问页面的总数，用户每访问一个网页就算一个访问量，同一页面刷新一次也算一个访问，该指标值累加。

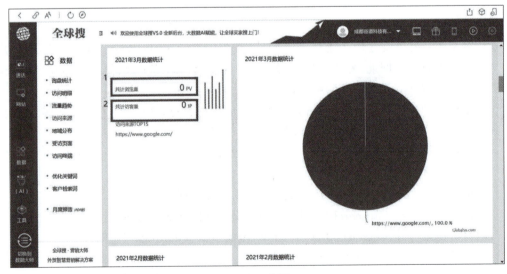

图 9-4 访问来源（二）

访客量,即 UV(Unique Visitor),独立访客,一台计算机为一个独立访问人数。统计的是有多少个 IP 访问了网站。一般以天为单位统计 24 小时内的 UV 总数,一天内重复访问只算一次。

一般情况下,UV 比 PV 更能反映店铺或者商品的影响力。PV 并不决定网站来访者的真实数量,一个来访者反复刷新也可能制造很高的 PV,而 UV 能较为直接地反映一段时间内来访者的真实数量。

访问来源 TOP15 板块展示了当月浏览量来源最多的前 15 个网址链接。

饼状图展示与左侧访问来源对应,以饼状图的形式展示访问来源量的占比情况。

对于在此方面的流量分析,需要了解 PV/IP:一般地,有效的流量网站内容较好时,一个独立 IP 大概能有 3 个以上的 PV。如果 PV/IP 能达到 3 以上,说明流量比较真实,网站内容质量较高。但如果 PV/IP 低于 3,一是需要分析流量的真实性,二是需要考虑网站本身的问题,包括网页设计与信息等内容。

注意:PV/IP 过高,也可能有问题,如人力重复刷新等,需要谨慎对待。

如图 9-5 所示,相对应的访客来源,即每部分分别与左侧访问来源 TOP 榜对应,通过百分比占比形式更加具体直观地显示不同来源访客量的差距。

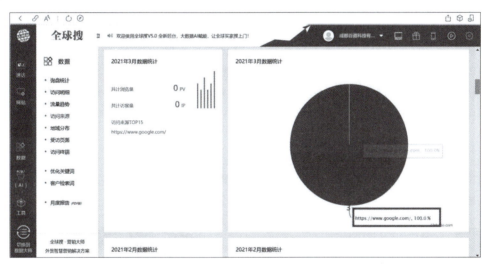

图 9-5　访问来源(三)

9.5　地　域　分　布

9.5.1　简介

在访问数据地域分布的报告中,可以分析网站访客所在的地域,以及不同地域带来的访客流量。通过这些数据可以一目了然地看出访客流量来源的集中地域及分散地域,由此可以对网站进行具有针对性的地域推广,以获取更多的访客,大幅增加商机。同时,高浏览量的地区,说明此地区对网站内容的需求比较大。如果此地区的需求大,我们就可以加大力度对这个地区做推广,包括竞价、SEO以及其他方式的推广手段。

了解流量分布地域状态的目的为:①对比分析主要分布区域;②分析比较不同地域的用户转化率;③为优化不同地域服务作参考。

9.5.2 操作指南

单击"地域分布"即可查看当前月份及以前访问IP地域分布的相关数据,下面以2021年3月为例展示相关区域内容。

在地域分布中,可以查看网站访问国家前15名,也可从右侧的扇形图中直观地了解网站访客的主要国家分布。

9.6 受访页面

9.6.1 简介

受访页面,指的是访问过的页面,不管它是否作为第一入口页面,还是从第一入口页面再单击进来到这个页面,只要访问过这个页面,都算受访页面数据。这里又可以引入一个新概念——跳出率,即只访问一个页面就离开的访问次数除以该页面的所有访问次数。网站的指标有首页跳出率、关键页面跳出率、具体产品页跳出率等,这些指标用来反映页面内容受欢迎的程度,跳出率越大,页面内容一般越需要调整。

从对受访页面的分析,可以明确看到网站的哪些页面被访问的次数较多,以及这些页面占所有单击量的百分比。

9.6.2 操作指南

单击"受访页面"即可查看当前月及以前的相关数据,下面以2021年3月为例展示相关区域内容,如图9-6所示。

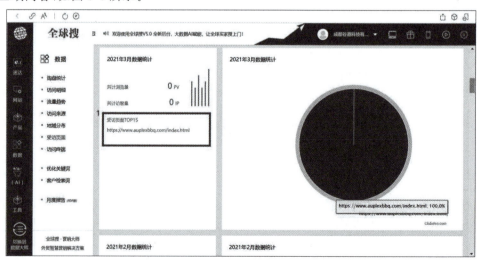

图9-6 受访页面

单月数据统计：即当月网站访问量总数据，包括浏览量和访客量。

受访页面 TOP15：统计并展示该月网站页面中被访问量数据最高的前 15 名。

访问量前 15 名页面链接展示：该区域展示了访问量最多的受访页面，值得注意的是，双击该区域中的链接可以直接跳转到该排名的受访页面。

饼状图展示：以饼状图形式展示受访问页面较多的页面链接，如单击对应区域能查看对应受访页面的占比。

9.7 访问终端

从访问终端中可以了解到访客从手机端和计算机端访问的比例，以及通过不同终端通常有以下几大类的分析需求。流量分析整体来说是一个内涵非常丰富的体系，其整体过程是一个金字塔结构。

（1）网站流量质量分析。

流量对于每个网站来说都很重要，但流量并不是越多越好，应该更加看重流量的质量，换句话来说，就是流量可以为我们带来多少收入。

（2）网站流量多维度细分。

细分是指通过不同维度对指标进行分割，查看同一个指标在不同维度下的表现，进而找出有问题的那部分指标，对这部分指标进行优化。

（3）网站内容及导航分析。

对于所有网站来说，页面都可以划分为 3 个类别。

① 导航页；

② 功能页；

③ 内容页。

首页和列表页都是典型的导航页。站内搜索页面、注册表单页面和购物车页面都是典型的功能页。产品详情页、新闻和文章页都是典型的内容页。

（4）网站转化及漏斗分析。

所谓转化，即网站业务流程中的一个封闭渠道，引导用户按照流程最终实现业务目标（比如商品成交）；而漏斗模型则是指进入渠道的用户在各环节递进过程中逐渐流失的形象描述；对转化渠道，主要进行两部分分析：访问者的流失和迷失。

9.8 优化关键词

对网站里的关键词进行选词和排版的优化，达到优化网站排名的效果。

优化方式包括但不限于：①相关搜索以及下拉框搜索；②指数相关（做好核心关键词与长尾词的建设）；③对竞争对手的多维度分析；④利用站长工具等进行关键词挖掘，选择符合自身特性的关键词。

9.9 客户检索词

数据来自 Google 站长工具,从中可以查看到网站中有哪些词出现在谷歌的搜索结果中。该数据一般在推广后 1 个月左右开始不定期更新。

客户检索词如图 9-7 所示。

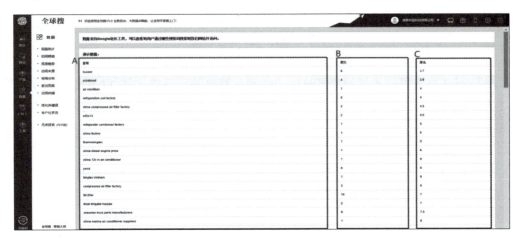

图 9-7 客户检索词

查询:单击客户检索词后可得到查询数据结果,也可根据自身需要检索具体的某一关键词,提高检索精准度。

展示:即为这一时间内网站在该词谷歌搜索结果中展示的次数,即该词给网站带来的曝光量,从中也可大致推测产品需求量的变化,掌握市场动向。可参考该数据来选择添加新的关键词。

排名:是网站在该词谷歌搜索结果中的平均排名,数字越小说明被搜索次数越多。

9.10 月度报告

从月度报告中直接选择月份可以生成报表,报表中会详细统计一个月的数据并提出建议,如图 9-8 所示。

时间条:可选择想要查找的具体时间的报表。

时间选择:根据自身需要可具体选择某月的月度报告,如图 9-9 和图 9-10 所示。

生成报表:月度报表可以直接生成后下载 PDF 格式文档。

(1) 月度相关报告的具体内容,包括基本概况,如访问来源、流量转化、受访页面、访问终端、地域分布、检测及建议等,其内容都由表格或者统计图展示,更加直观明了,查看更加方便。

(2) 单击"下载 PDF 报表"可将报表全文下载。

图 9-8　月度报告

图 9-9　月度报告数据（一）

图 9-10　月度报告数据（二）

第 10 章

AI

知识导读

AI 的中文全称为"人工智能"。人工智能是计算机科学的一个分支,它企图了解智能的实质,并生产出一种新的能以人类智能相似的方式做出反应的智能机器,该领域的研究包括机器人、语言识别、图像识别、自然语言处理和专家系统等。人工智能从诞生以来,理论和技术日益成熟,应用领域也不断扩大。总的来说,人工智能研究的一个主要目标是使机器能够胜任一些通常需要人类智能才能完成的复杂工作。本章将通过 AI 在产品发布与新闻发布中的实际操作,进一步体验数据处理基础、数据分析技术与 AI 相结合给人们带来的便利。

学习目标

- 了解 AI 原理
- 了解 AI 技术
- 了解 AI 的具体功能

能力目标

- 熟练掌握 AI 在产品发布中的具体操作
- 熟练掌握 AI 在新闻发布中的具体操作

10.1 AI 产品发布

每周有 3~5 个产品更新,采用核心关键词扩展。单击 AI 产品发布,会出现如图 10-1 所示的页面。

(1) 初始产品信息:选择初始产品信息,如标题、关键词、新增描述内容。

(2) 扩展产品分类:在选项中选择所属商品类别。

(3) 核心关键词:输入商品的核心关键词。

(4) 获取随机数据:完成"初始产品信息""扩展产品分类""核心关键词"后,单击"获取随机数据"。

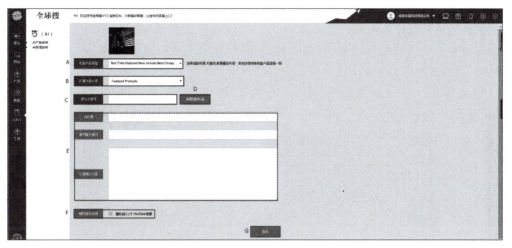

图 10-1　AI 产品发布页面

（5）新标题、关键词、扩展描述内容：单击"获取随机数据"后，系统会自动生成商品的"新标题""关键词""扩展描述内容"信息。

（6）随机相关视频：勾选"随机插入 2 个 YouTube 视频"，系统自动为产品插入 2 个 YouTube 视频。

（7）发布：该页面信息填写完整后，单击"发布"按钮，产品信息就会发布到全球通官网上。

10.2　AI 新闻发布

新闻营销有多种方向，主要围绕市场、产品，或行业内重要突破性事件等。方向不同，撰写新闻稿时需要对取材和用词方式进行相应调整，而通过 AI 新闻发布，大数据分析、整理，可以对市场近况做详细的资料统计和深入研究，站在公众的立场分析，从企业角度描述需要合成的新闻内容，以读者阅读价值为重心使品牌得到公众的认可。

AI 数据分析能更好地洞察每个个体用户在特定场景下的行为与需求，并智能推荐其所需要的信息与服务新闻。伴随着场景化、精确化用户分析的是目标用户与新闻内容之间的智能化匹配，合成能够大大吸引目标用户眼球的 AI 新闻。在国内，以"今日头条""一点资讯"为代表的新闻聚合平台主要依据算法推荐为用户推送新闻，这样能最大限度地满足用户的个性化需求，一定程度上也能增强用户黏性。

AI 新闻合成是新闻个性化算法，它把个性作为算法中的核心变量，凸显了个人偏好的意义。AI 新闻匹配度未来还会进一步优化，对用户需求的解读能力与匹配精确度还会不断提高。此外，AI 新闻发布不仅可以为用户场景分析提供数据或依据，也能作为新闻接收的终端为用户提供无所不在的信息获取。

AI 使用语义辨识和观点提取功能（主要依赖自然语言处理技术），提取出信源、地点、人物和事件等关键词和核心内容作为标签，然后根据这些标签，按照时间顺序，将之归到对应的产品内容中。当新闻发布者需要调取关于某个产品或者主题的新闻或信息时,AI 就能快速提供一个包含相关内容的清单。之后,合成句子的结构。AI 自然语言处理技术能够将清单中的关键词切分成字,整合成词,再标注出词性。之后,根据句式模型判断句子结构,组合成相应的句子。

AI 每周有 3~5 个新闻发布,采用核心关键词扩展,如图 10-2 所示。

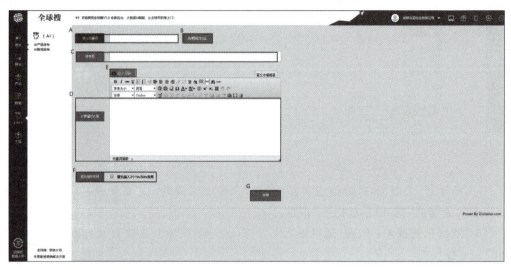

图 10-2 AI 新闻发布

(1) 核心关键词:输入新闻的核心关键词。

(2) AI 智能生成:输入"核心关键词"后,单击"AI 智能生成"。

(3) 新标题、扩展描述内容:单击"AI 智能生成",系统会自动生成商品的"新标题""扩展描述内容"信息。

(4) 插入图片:在扩展描述内容中插入新闻相关图片,步骤如图 10-3 和图 10-4 所示。

图 10-3 AI 新闻发布添加文件

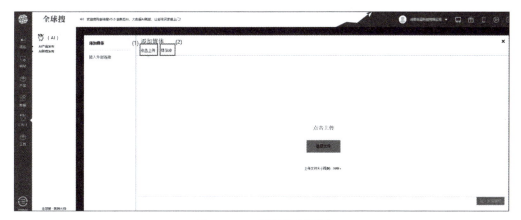

图 10-4　AI 新闻发布页面

① 选择与发布新闻相关的图片。

② 媒体信息：根据将要发布的新闻内容，填写图片的相关信息。

③ 插入到编辑框：图片选择以及信息补充完成后，单击"插入到编辑框"，图片便可以插入"扩展描述内容"的编辑框中。

④ 插入外部链接：需要添加的图片以链接形式存在时，单击"插入外部链接"。

（5）在"插入外部链接"中输入相关图片的链接，为图片命名相关标题，插入编辑框：图片链接以及标题完成后，单击"插入到编辑框"，图片便可以插入"扩展描述内容"的编辑框中。

（6）随机相关视频：勾选"随机插入 2 个 YouTube 视频"，系统自动为产品插入 2 个 YouTube 视频。

（7）该页面信息填写完整后，单击"发布"按钮，AI 新闻就会发布在全球通官网上。

第 11 章 工 具

知识导读

工具多种多样,互联网就是一种工具,通过使用互联网,可以提升人们的主控感。本章将简要介绍社交账号绑定、关键词挖掘、产品标题挖掘、中国出口信用、谷歌排名查询和外贸工具集合的使用方法。

学习目标

- 了解有哪些工具
- 了解各个工具的作用
- 了解出口信用

能力目标

- 掌握社交账号绑定方式
- 掌握关键词挖掘系统
- 掌握产品标题挖掘方式
- 知晓中国出口信用
- 掌握谷歌排名查询方式
- 掌握外贸工具集合里的工具

11.1 社交账号绑定

11.1.1 简介

在社交账号绑定中可以直接绑定我们常用的各种社交软件,其中包括 Facebook、Twitter、LinkedIn、Instagram、Flickr、Pinterest、Google My Business、VKontakte、Bloglovin、Tumblr、Medium、Torial、Diigo、Reddit 等众多的社交平台。通过社交账号绑定后,网站内容就可以一键分享到对应的社交平台上。

11.1.2 操作指南

（1）如图11-1所示，单击左侧的"工具"，进入工具界面，可以了解更多的相关内容。

（2）如图11-2所示，单击"社交账号绑定"，进入社交账号绑定界面，在此界面可通过绑定个人社交账号，开启更多的相关内容。

图 11-1　工具界面

图 11-2　社交账号绑定界面

（3）进入社交账号绑定界面，根据提示进行操作，绑定个人社交账号。

（4）从社交账号绑定界面可以看到众多社交账号绑定的相关信息，单击右侧的命令可进一步操作。

11.2　关键词挖掘

11.2.1　简介

关键词挖掘是通过填入一个行业代表词语就能挖掘的谷歌上同行正在使用的相关关键词和搜索行为词。挖掘深度即挖掘所得关键词的精准程度，深度越深，关键词越精准。关键词去重复功能则可以删除反复挖出的相同关键词，只保留一个。

11.2.2　操作指南

（1）如图11-1所示，单击左侧的"工具"，进入工具界面，可了解更多的相关内容。

（2）如图11-3所示，单击"关键词挖掘"，可进入关键词挖掘界面。

（3）进入关键词挖掘界面后，可以看见一个输入框和两个蓝色选项，单击输入框，在

图 11-3 关键词挖掘界面

其中输入关键词(注意,输入的关键词一个一行)。

(4) 单击下方的"关键词去重复"去除重复关键词,提高挖掘结果的精确度。

(5) 单击"开始挖掘"开始挖掘关键词,完成相关操作,得出结论。

11.3 产品标题挖掘

11.3.1 简介

产品标题挖掘是通过填入关键词,就能挖掘的谷歌上同行正在使用的相关产品的标题。当不知道该如何为产品命名时,它可以提供有价值的参考。挖掘深度即挖掘所得标题的描述精准度,深度越深,产品描述得越精准。

名词解释

关键词挖掘:是关键词检索的意思。关键词源于英文 keywords,特指单个媒体在制作使用索引时所用到的词汇,是图书馆学中的词汇。关键词是网络搜索索引主要方法之一,就是希望访问者了解的产品、服务和公司等的具体名称用语。关键词用于表达文献主题内容,不仅用于科技论文,还用于科技报告和学术论文。

数据挖掘:是从大量的、不完全的、有噪声的、模糊的、随机的实际应用数据中,提取隐含在其中的、人们事先不知道的、但又是现在有用的信息和知识的过程。(技术角度的定义)数据挖掘可以描述为按企业既定业务目标,对大量的企业数据进行探索和分析,揭示隐藏的、未知的或验证已知的规律性,并进一步将其模型化的有效方法。(商业角度的定义)与数据挖掘意义相近的词包括数据融合、数据分析和决策支持等。

11.3.2 操作指南

(1)单击图 11-1 左侧的"工具",进入工具界面,在该界面可进行更多的操作。

(2)单击"产品标题挖掘",开始挖掘产品标题,如图 11-4 所示。

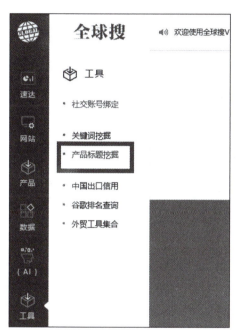

图 11-4 产品标题挖掘界面

(3)进入产品挖掘界面后,能看见一个输入框以及蓝色的"开始挖掘"选项,单击输入框,输入产品标题关键词(注意,关键词应一行一个)。

(4)最后单击"开始挖掘"开始挖掘产品标题关键词,完成相关操作,得出结论。

11.4 中国出口信用

11.4.1 简介

中国出口信用通过单击提示标题,就能获得谷歌上的资信评估信息。谷歌上的资信评估信息对跨境电子商务有较高的参考价值,中国出口信用这一功能节省了工作时间,增加了工作的便利性,提高了中国跨境电子商务行业的竞争力。

11.4.2 操作指南

中国出口信用界面如图 11-5 所示。

服务介绍:资信产品手册 2017 版介绍了中国出口信用保险公司的 3 类产品:商业信

图 11-5　中国出口信用界面

息类产品、评级类产品、咨询培训类产品,如图 11-6 所示。

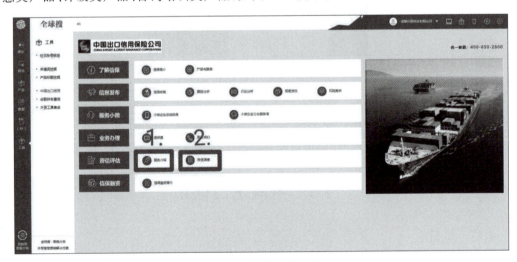

图 11-6　资信评估介绍

资信调查:在首页中选择并通过搜索企业报告、行业报告,或输入企业名称、组织机构、代码等行业信息选择商品,加入购物车确认购买后完成订单,如图 11-7 所示。

搜索提单数据服务:输入国别,HS 编码和开始结束时间可查询以往购买的产品,可进行续约和购买,如图 11-8 所示。

图 11-7　资信评估界面

图 11-8　搜索提单数据服务界面

11.5　谷歌排名查询

11.5.1　简介

产品关键词在谷歌上的排名对跨境电子商务极为重要,关键词的搜索量可以直观反映消费者的需要,利于企业及时调整产品的销售策略及销售手段,也利于企业生产市场更需要的产品。

11.5.2　操作指南

(1) 单击"工具"下的"谷歌排名查询",进入谷歌排名查询界面,如图 11-9 所示。

(2) 在搜索框内输入关键词。

(3) 单击"Google Search"即可进入搜索结果界面,搜索结果依次排列,可以单击需要的网站获取有用的搜索结果。

(4) 单击"I'm Feeling Lucky"可直接进入搜索结果的第一个网站,而不会展示全部搜索结果。

图 11-9 谷歌排名查询界面

11.6 外贸工具集合

11.6.1 简介

外贸管理软件是专属外贸企业或者内外贸企业的系统业务管理软件,根据软件关注的不同点,可以分为业务流程管理、开发客户管理,但是外贸软件系统还是建议用业务流程管理,这样便可以系统管理公司的邮件、客户、采购、供应商、产品、单证、订单、出货、财务等环节。用外贸软件是外贸企业步入正规化企业管理和有序的管理外贸业务的标志,可以帮助系统管理整个业务流程,整合资源,有效地提高各部门的工作效率,为企业高层提供更有效的决策数据。这样的系统往往功能强大,需要专门的软件公司提供相应的培训和技术服务,才可以顺利用起来,并且系统本身也会因地域外贸企业业务特色不同而不一样,如珠三角和长三角是不一样的,珠三角外贸软件主要是灵活性强,如索菲特的,而长三角外贸软件的特点是稳打稳扎,如恩特的,它们各有特色。

11.6.2 操作指南

外贸工具集合:包括传统外贸工具包、出口跨境工具包、中小企业工具包,如图 11-10 所示。

常用工具及详情展示如下。

常用查询:显示外贸中常用的查询工具,如汇率换算、时间换算、海运订单查询、空运

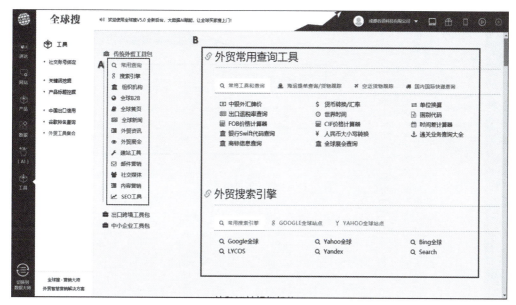

图 11-10　外贸工具集合界面

货物跟踪、国内国际快递查询等,如图 11-11 所示。

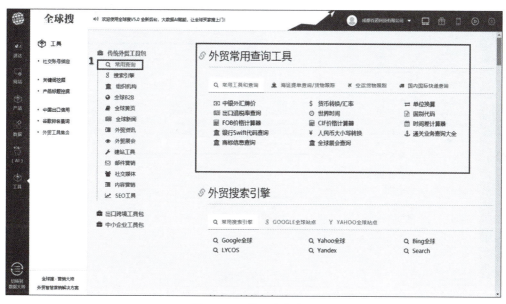

图 11-11　常用查询界面

　　搜索引擎:展示常用外贸搜索引擎,以及 Google 全球站点、Yahoo 全球站点,如图 11-12 所示。
　　组织机构:显示在对外贸易中常接触的国际、国内组织机构网站链接,包括但不限于各国海关、我国驻各国参赞处等,如图 11-13 所示。

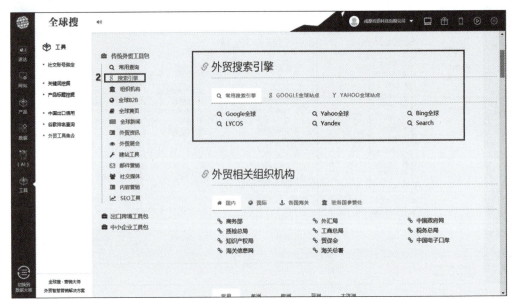

图 11-12 搜索引擎界面

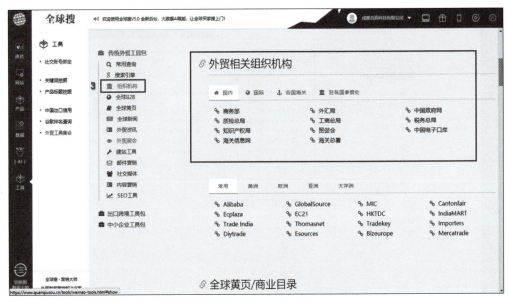

图 11-13 组织机构界面

全球 B2B：全球各地外贸常用 B2B 网站链接，单击链接即可直接进入相关 B2B 网站，如图 11-14 所示。

全球黄页：黄页是国际通用按企业性质和产品类别编排的工商电话号码簿，相当于一个国家或地区的工商企业的户口本，如图 11-15 所示。

图 11-14　全球 B2B 界面

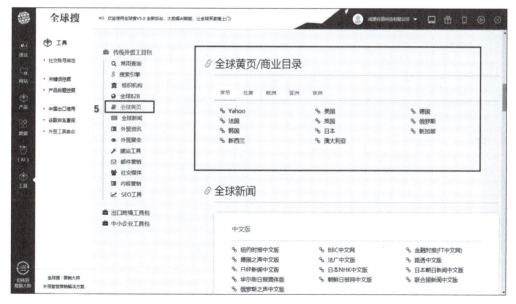

图 11-15　全球黄页界面

全球新闻：包含全球各国著名新闻报刊的中文版及外文版，如图 11-16 所示。

外贸资讯：包含各种外贸政策、资讯、论坛、宏观、数据等，单击链接即可进入相关资讯、政策、论坛等界面，如图 11-17 所示。

图 11-16 全球新闻界面

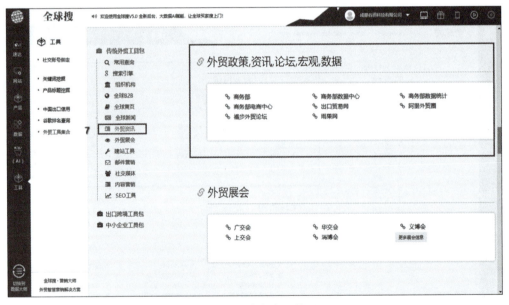

图 11-17 外贸资讯界面

外贸展会：包含我国著名的外贸展会信息，单击链接即可进入相关界面，如图 11-18 所示。

建站工具：外贸网站展示类、外贸网站交易类、外贸主机、外贸网站模板等，单击链接即可进入相关界面，如图 11-19 所示。

图 11-18　外贸展会界面

图 11-19　建站工具界面

邮件营销：包含邮件列表、许可式邮件营销解决方案、Email 辅助浏览器插件版，以及其他邮件营销工具，单击链接即可进入相关界面，如图 11-20 所示。

社交媒体：一些常见的外贸社交媒体营销平台，单击链接即可直接进入相关外贸社交媒体平台，如图 11-21 所示。

第 11 章　工具　201

图 11-20 邮件营销界面

图 11-21 社交媒体界面

内容营销：涉及一些免费的内容营销工具、社交媒体管理工具、Twitter 辅助增强工具、社区内容管理工具，单击链接即可进入相关界面，如图 11-22 所示。

SEO 工具：包含两个 SEO 综合分析、SEO 关键词和链接工具，以及其他 SEO 工具 3 个板块，根据需求单击相关链接即可进行所需操作，如图 11-23 所示。

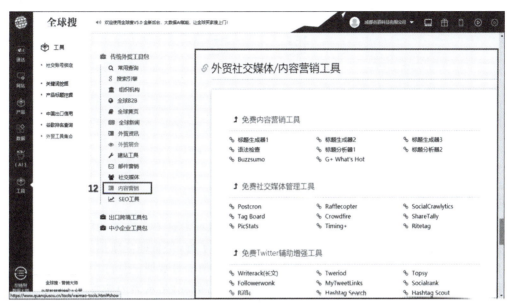

图 11-22　内容营销界面

图 11-23　SEO 工具界面

第 11 章　工具　203

第 12 章 速 达

知识导读

速达是通过营销首页、排名数据、访问明细、精准询盘这 4 个主要功能使用户了解全球搜的相关数据和资料,并且对全球搜的应用有一定了解,是掌握全球搜的快捷方法。通过对速达中大数据的分析,不仅可以了解全球搜运营的实时数据,还可以对国内外市场进行精准预测。使用速达可以使卖家以及企业了解顾客的喜好、买家的需要,进而帮助企业及时调整营销策略和供给渠道,为企业精准营销提供数据支撑,从而达到买卖双方互利共赢的目的。本章将介绍挖掘实时数据、查询关键词排名、掌握访问明细、明晰询盘数据的方法。通常本章的学习,读者不仅能熟练使用全球搜,而且能为跨境交易提供精准服务。

学习目标

- 挖掘实时数据
- 查询关键词排名
- 掌握访问明细
- 明晰询盘数据

能力目标

- 熟悉数据分析流程
- 具备数据挖掘能力
- 掌握数据整合技巧

12.1 营销首页

12.1.1 简介

营销首页展示了常用的数据,具体包括昨日浏览量(PV)、昨日访客量(IP)、精准询盘数量、排名达标天数、剩余服务天数,从这里能够非常清晰地查看到我们网站的各项数据情况,为用户提供更加清晰、准确并且直观的数据。

12.1.2 操作指南

1. 栏目

如图12-1～图12-3所示,本次栏目主要包括昨日浏览量(PV)、昨日访客量(IP)、精准询盘数量、排名达标天数、服务剩余天数这5部分实时数据。

图12-1 栏目、全球搜方案信息、网站访问量统计

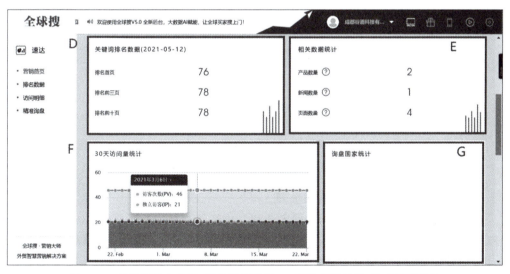

图12-2 关键词排名数据、相关数据统计、30天访问量统计、询盘国家统计

2. 全球搜方案信息

全球搜方案信息如图12-4所示。

第12章 速达

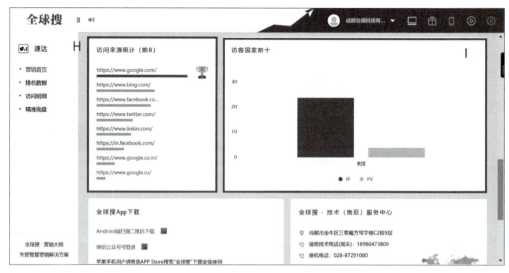

图 12-3　访问来源统计、访客国家前十

图 12-4　全球搜方案信息

(1) 公司名：成都谷道科技有限公司。

对于全球搜方案信息，此栏为公司名介绍。成都谷道科技有限公司是以软件开发、软件销售、互联网接入及相关服务、互联网信息服务、互联网数据服务、数据处理和存储服务、信息系统集成服务、信息技术咨询服务、运行与维护服务、货物进出口、技术进出口等为主要经营范围的企业。（依法须经批准的项目，经相关部门批准后方可开展经营活动）。

(2) 方案：营销大师-标准版。

此栏是对方案来源进行说明，方案来源为营销大师-标准版。

(3) 方案服务时间：1335 天。

此栏是对全球搜方案的服务时间进行统计,例如,截至2021.5.6已经服务历时1335天。

3. 网站访问量统计

此栏从共计浏览量、共计访客量、询盘转化率3方面对网站的访问量进行统计,如图12-5所示。

图12-5　网站访问量统计

(1) 共计浏览量:即PV(Page View),指的是页面的浏览量或单击量,用户每次对网站中的网页访问均被记录一次。用户对同一页面的多次访问,访问量累计。浏览量是用来计算站点上有多少网页被个体的访客浏览,用于衡量网站用户访问的网页数量。例如:截至目前浏览量共计6300次。

(2) 共计访客量:即IP(Internet Protocol),指的是单个IP的访客数量。访客数具体指的是零点截至当前时间访问店铺页面或宝贝详情页的去重人数,一个人在统计时间范围内访问多次只记为一个。所有终端访客数为PC端访客数和无线端访客数相加去重。实时计算过程中,店铺流量高峰时,可能会出现交易数据处理快于浏览数据,导致访客数小于支付买家数。例如,截至目前共计单个IP的访客数量为3200个。

(3) 询盘转化率:就是客户看到的产品后来成交的比例。同等流量条件,询盘转化率越高,单越多。如果询盘转化率很高,就要想办法提升客流量,反之就提升转化率。

4. 关键词排名数据

此栏包括排名首页、排名前三页、排名前十页3个内容,如图12-6所示。

(1) 排名首页:指的是排名位于首页的关键词数量。例如,如图12-6所示,截至目前,排名首页的关键词数量已达到76个。

(2) 排名前三页:指的是排名位于前三页的关键词数量。例如,如图12-6所示,截至

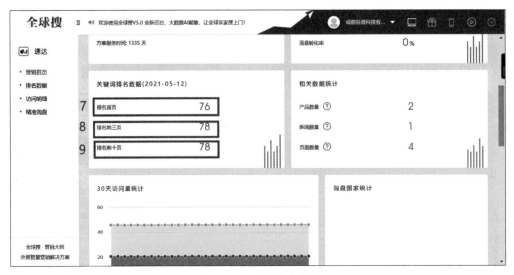

图 12-6 关键词排名数据

目前,排名前三页的关键词数量已达到 78 个。

(3)排名前十页:指的是排名位于前十页的关键词数量。例如,如图 12-6 所示,截至目前排名前十页的关键词数量已达到 78 个。

5. 相关数据统计

此栏的相关数据指的是产品数量、新闻数量、页面数量,并对这 3 个方面的数量进行统计,如图 12-7 所示。

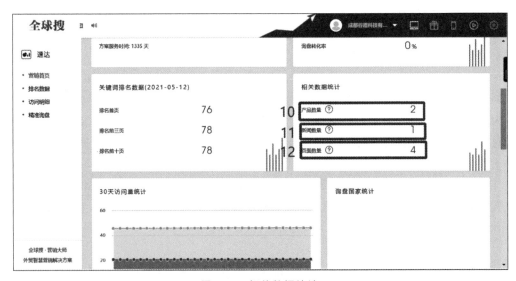

图 12-7 相关数据统计

(1)产品数量:产品是指作为商品提供给市场,被人们使用和消费,并能满足人们某种需求的东西,包括有形的物品、无形的服务、组织、观念或它们的组合。这里的产品数量指的是产品列表里 Products 目录下的所有产品和 AI 扩展产品。

(2) 新闻数量:新闻也叫消息,是指通过报纸、电台、广播、电视台等媒体途径传播信息的一种称谓。这里的新闻数量指的是 News 目录下的所有新闻。

(3) 页面数量:指的是页面管理里的所有页面。

6. 30 天访问量统计

30 天访问量统计指运用图表对从 2021 年 2 月 22 日开始截至 2021 年 3 月 22 日这 30 天的每日访客次数(PV)以及独立访客(IP)的数量,如图 12-8 所示。

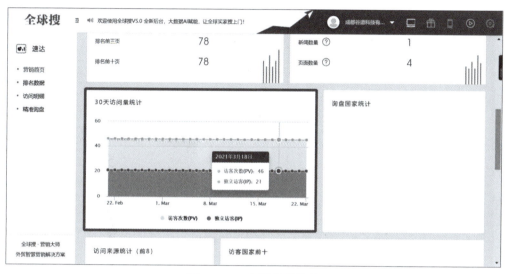

图 12-8 30 天访问量统计

例如,如图 12-8 所示,在 30 天访问量统计栏将鼠标指针放置于后数第 5 个竖列时,展示的是 2021 年 3 月 18 日的访客次数(PV)以及独立访客(IP)数量,分别为 46 次以及 21 个。

7. 询盘国家统计

询盘又称询价,是指买方或卖方为了购买或销售某项商品,向对方询问有关交易条件的表示。这里的询盘国家统计是指对询价方国家进行的一个统计。在国际贸易的实际业务中,一般多由买方主动向卖方发出询盘。可以询问价格,也叫询问其他一项或几项交易条件以引起对方发盘,目的是试探对方交易的诚意和了解其对交易条件的意见。

8. 访问来源统计

访问来源也称为"推荐来源",通常互联网用户会通过各种渠道进入某网站访问,这里的"渠道"就是"访问来源"。这里是指对不同网站的访问来源进行的一项统计,此栏仅列举访问来源前 8 的网站。

第 12 章 速达 209

9. 访问国家前十

访问国家前十指的是对全球搜方案进行访问的前十名国家做访问量(PV)与访客量(IP)的统计。

例如,如图12-9所示,将鼠标指针放置于图表范围内,将出现该国家对全球搜的访问量以及访客量的数据。图12-9中展示的是美国对全球搜的访问量(PV)为4,访客量(IP)为24。

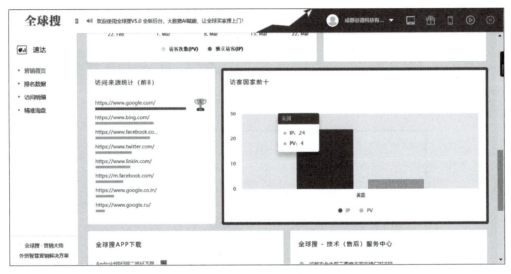

图12-9 访客国家前十

12.1.3 技巧

(1) 明确自己想了解的信息,准确找到该信息所在的板块。

(2) 准确理解各个板块所代表的意思。

(3) 对于30天访问量统计以及访客国家前十的两个图表,需要将鼠标指针放置在相应的位置才能显示数据,30天访问量图表的数据小图上方为日期,应仔细比对找到自己需要的日期信息。而访客国家前十图表只需将鼠标指针放置于表图范围内即可显示具体数据。

12.2 排名数据

12.2.1 简介

排名数据可显示出关键词排名的具体情况。该页面分为4个大板块——栏目、客户信息、关键词排名详情和关键词过滤。

顶部的4个模块分别展示出:排名第一页的关键词个数、排名前十页的关键词总数、已达标天数、剩余服务天数(见图12-10);下面有具体的客户信息、关键词排名详情等;关键词排名详情展示出了排名的具体详情,如排名第一名、前三名、第一页等数据;右侧则是排名的折线图,能够直观显示出排名的变化情况。最下方为每个关键词具体每天的排名情况,从中可看到每天排名的变化情况,如图12-11所示。

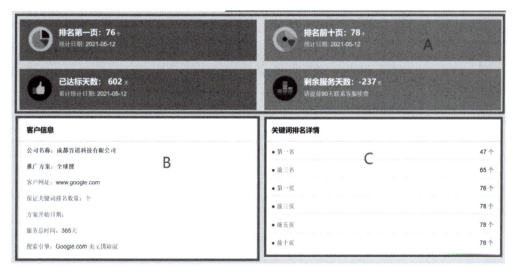

图 12-10　栏目、客户信息、关键词排名详情

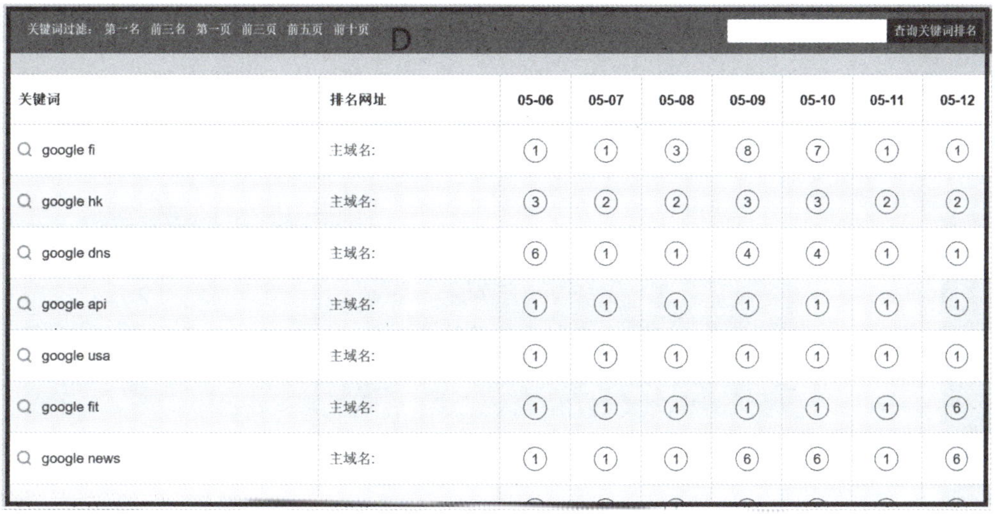

图 12-11　关键词排名信息

12.2.2　操作指南

1. 栏目

已达标天数(见图12-12):首页关键词数达标一天计入一天,不达标不计入。关键词

达标初期以及谷歌算法规则发生变化情况下,关键词排名波动较大,会出现首页关键词数下滑的情况,下滑至不达标时,则当天不计入已达标天数。

图 12-12　已达标天数

2. 客户信息(见图 12-13)

保证关键词排名数量：关键词包含关键词确认书附表二确定的主关键词、产品关键词,以及根据附表一选择的前后缀扩展的采购行为词(Plus 版仅含附表二确定的主关键词)。推广方案不同,词数就不同。体验版：60＋;标准版：120＋;商务版：180＋;旗舰版：240＋;Plus 版：50＋主关键词。关键词确认书附表二确定的关键词数,体验版：200＋;标准版：200＋;商务版：300＋;旗舰版：400＋;Plus 版：500＋。

图 12-13　客户信息

方案开始日期：即网站推广的开始日期。网站上线后需两周时间完成优化设置和多语言翻译，因此网站推广从正式上线 15 日后开始。推广开始后，一般 1～2 月内排名、流量会有明显提升，3 个月内首页关键词数达标。

3. 关键词排名（见图 12-14）

关键词排名统计数据：第一页关键词数超过推广方案保证词数即为达标。每日更新所有关键词的排名；达标情况下，当首页关键词数不低于保证首页关键词数的 150% 时，即停止查询和统计。例如，120 个达标，当查询统计到有 144 个词在首页时，系统即停止查询和统计。如需查询某个关键词的排名，可使用"查询关键词排名"功能单独查询。

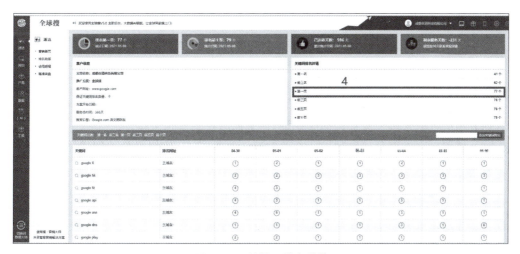

图 12-14　关键词排名详情

4. 关键词过滤（见图 12-15）

图 12-15　关键词过滤

关键词展示：含主关键词、产品关键词、采购行为词。优先展示排名靠前的关键词，采购行为词排名上升较快，主关键词、产品关键词排名上升较慢。未展示关键词可使用"查询关键词排名"功能进行单独查询。监控系统会不定期自动删除排名未进前十页的关键词，仅是删除监控，不影响后台优化。删除情况下可通知我们重新添加监控。

监控系统展示了关键词最近七天的具体排名情况。数字1～10排在首页，11～20排在第二页，以此类推至99,100及以上未进入前十页，显示为0。红圈代表关键词排名，黄圈代表图片排名，蓝圈代表视频排名。监控系统受时间、IP限制，该数据和实际验证排名有1～10位的偏差。

关键词过滤功能：可快速筛选，查看目前有哪些词排在首页、前十页等，让关键词的过滤可以更方便、快捷。

查询关键词排名功能：可单独查询某个关键词的排名，且查询为全局匹配。输入完整的关键词后，单击"查询关键词排名"即可。

12.2.3 技巧

（1）一次可输入多个关键词同时挖掘，一般同时挖掘5个关键词。

（2）挖掘一页大概可以得到100个关键词。页数越少，挖掘出的关键词相关性越高。一般挖掘页数选择2～5即可。

（3）可多选择几个主要产品核心关键词进行挖掘，尽量覆盖网站的所有产品类别。不要太宽泛，也不要太具体，太宽泛相关性低，太具体挖掘结果少。

（4）关键词重复。由于挖掘来源于同行相关网站，这些网站可能会使用相同的关键词，所以挖掘结果中会出现重复关键词。挖掘系统提供了去重功能，可以使用文本编辑工具整理去重。

（5）关键词筛选时注意事项。

① 相关性必须把握好：网站关键词的选择一定要把握住网站的重点，网站是做什么行业的，我们就选择相关行业的关键词，只有这样做，当我们的网站上线后，搜索引擎才会认为我们的网站主题和内容相符，相关性强，才会在搜索引擎那里留下一个好印象，保证后期做关键词排名的时候起到事半功倍的效果。

② 了解用户的搜索习惯：了解用户的搜索需求，用户的搜索习惯，他们使用搜索引擎的习惯，输入哪些关键字等，可以通过与市场一线人员沟通来了解，因为他们经常与用户直接接触，知道用户想要什么，用户关心什么问题。

③ 不要用过于宽泛的关键词：过于宽泛的关键词不但竞争激烈，而且搜索这类词的用户往往目的不明确，这种词带来的流量目标性也很差，转化为订单的可能性也较小，并且还有可能降低关键词的相关性。对于如何选择关键词，我的观点是，选择相对具体的、有针对性的关键词。

④ 大小写与字符长度：关键词大小写不影响搜索结果。关键词单复数不同，搜索结果不同。考虑到用户的不同搜索习惯，建议将关键词大小、单复数都作为关键词。一般一个关键词由3～5个单词组成，字符总长度一般不超过40个。

(6) 确认时注意事项。

关键词数量,体验版:200+;标准版:250+;商务版:300+;旗舰版:400+;Plus:500+(核心词)。

特殊字符:一个关键词不能含逗号、引号这些特殊符号;特殊字符如逗号、引号中文符号这些,一般的搜索习惯是不含它们的。

重点优化:确定关键词中用红色标的为注重点优化词,可重点优化。

采购行为词:可根据确定的关键词和前后缀扩展相关的采购行为词。采购行为词前期能引来一部分流量。

(7) 比较好用的编辑工具。

Excel 文档:编辑工具里的核心工具,可用于去重,删除不要的搜索引导词、特殊字符等。

Notepad:比较好上手的编辑工具,常用的功能包括删除前后空格、转换大小写、批量替换等。

EmEditor:长度筛选工具,用于很快地删除掉过长或过短的关键词。

Sublime:好用的功能是字符筛选,把想要或者不想要的字符搜索出来高光,以便编辑。

Google Ads:这是 Google 官方的一个关键词工具,通过关键词规划师,可以获取关键词在一定时间段的搜索热度,还可以获取相关关键词、商业出价等数据。这里主要通过关键词规划师获取,挖掘相关关键词。

12.3 访问明细

12.3.1 简介

访问明细专门统计网站访客的具体情况以及相关详情。通过对访问明细的分析,可以对所研究的问题或方面进行较为深入的探索,从而为跨境电子商务的发展指明方向。

12.3.2 操作指南

1. 最近访问明细

最近访问明细(见图 12-16)包括浏览时间、访客来源、访问入路页面、终端、访客 IP、地区、访客深度(页)、询盘转化、访问详情,能够给出每大的访问明细、访客来源、流量转化、地域分布、受访页面、访问终端等数据。

2. 作用

通过搜集访客地域数据,了解你的产品吸引的访客主要来自哪些国家或地区,进而对该国家或地区的市场进行重点分析,选择最符合该市场买家期望的产品或服务。知道哪些产品客户喜欢。在已发起询盘的前提下,浏览次数越少,表示越青睐这个产品。

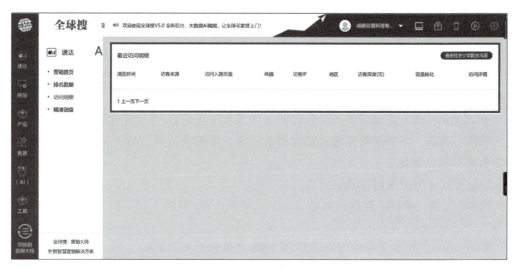

图 12-16　最近访问明细

12.4　精准询盘

12.4.1　简介

从精准询盘栏目(见图 12-17)可查看由网站询盘表单发送过来的询盘,在精准询盘里还可看到询盘发送的时间,询盘者的姓名、邮箱、电话、国家、发送的页面等信息。单击最右侧的查看详情还可看到更多内容,包括对询盘内容的翻译等。

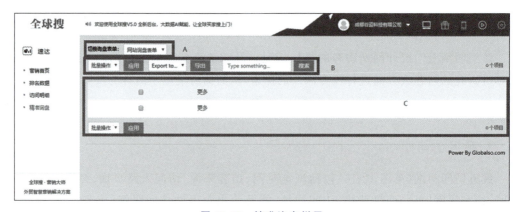

图 12-17　精准询盘栏目

12.4.2　操作指南

1. 表单栏目

单击箭头,在询盘列表里根据需要切换表单,实现数据的快速提取,利于操作和管理。

2. 应用、导出与搜索

面对大量表单,单击批量操作,可同时对其进行应用或导出,节约时间成本,便于表单的管理和数据的整合;输入关键词,还能搜索到特定的询盘表单,使数据的搜索过程更加便捷,为买卖双方搭起了直通车。

3. 表单详情

表单详情展示了各询盘表单的详细信息,如发送时间、姓名、电话、国家、所发送的页面等。单击最右侧的"查看详情",还可看到更多的内容,包括对询盘内容的翻译等。当买家看到商家提供的信息,对此感兴趣之后,就会与商家进行交流,或者直接生成双方都有意向的订单进行交易。

第 13 章 黑格增长

知识导读

本运营手册意在指导用户使用"黑格增长"网站,希望通过阅读本手册,用户能深入了解该平台的各项功能,掌握各板块的基本操作方法。

虚拟化技术诞生于 20 世纪 60 年代,是应用于各种大型计算机系统,用来解决第三代体系结构和多道程序设计操作系统缺陷的。现代科技高速发展的今天,云计算作为一种新的 IT 资源管理系统,在爬虫应用中显得尤为重要。学习操作黑格增长网站能帮助我们掌握爬虫技术,了解大数据分析。

学习目标

- 了解虚拟化技术
- 了解大数据分析
- 了解黑格数据分析系统

能力目标

- 熟练操作黑格系统
- 掌握数据搜索技术

13.1 简　介

黑格增长是外贸行业社交获客的大数据产品。黑格增长是以当下最具潜力的社交媒体获客为基础,通过 AI(人工智能)挖掘行业行为大数据,赋能外贸企业更简单、更高效获取客户采购线索,将社媒获客流程中的痛点层层击破,实现社交平台红利裂变式增长,助力外贸获客轻松实现"黑格增长"。黑格平台共分 6 个板块,分别是互动、客户、AI Gro、数据、任务、其他。6 个板块分别又有新的细分。黑格增长拥有 3 个亮点:海量数据、高性价比获客、裂变式获客。超过 3700 多万的全球企业及其企业的 4.3 亿联系人信息,可通过 AI 功能快速挖掘出精准联系人及联系方式。

13.2 互　　动

13.2.1 行业黑格

1. 简介

行业黑格内容主要是关注的行业企业主页详情，包含 LinkedIn、Facebook、Twitter、Instagram，如图 13-1 所示。

图 13-1　行业黑格界面

2. 操作指南

（1）已关注黑格。

如图 13-2 所示，已关注黑格中的内容包含你所关注的黑格用户。

图 13-2　已关注黑格

(2)新增/修改待审。

13.2.2 Linkedin 数据池

1. 简介

Linkedin 数据池(见图 13-3)中包括点赞、评论,数据每日更新,可挖掘客户联系方式、加关注等。

图 13-3　Linkedin 数据池

2. 操作指南

(1)筛选排序:根据评论的时间或者点赞的时间排列数据,顺序为最近时间排名靠前。

(2)智能搜索:可以通过搜索关键词搜索到需要的客户。

(3)导出:如图 13-4 所示,可以导出需要页数的数据,并且可以选择自己需要的数据格式。

图 13-4　"导出"操作

（4）智能过滤：通过选择，可以智能过滤掉不符合你需求的客户信息，留下需要的客户信息。

（5）群加好友：通过单击 6 中的正方形方块，可以多选用户并群加好友。

13.2.3　Facebook 数据池

1. 简介

Facebook 数据池（见图 13-5）中包括点赞、评论、分享，数据每日更新，支持 Messenger 在线聊天、群发等功能。

图 13-5　Facebook 数据池

2. 操作指南

参照 13.2.2 节中的操作指南。

13.2.4　Twitter 数据池

1. 简介

Twitter 数据池中包括点赞、转发，数据每日更新，如图 13-6 所示。

2. 操作指南

参照 13.2.2 节中的操作指南。

13.2.5　Instagram 数据池

1. 简介

Instagram 数据池中包括点赞、评论，数据每日更新，如图 13-7 所示。

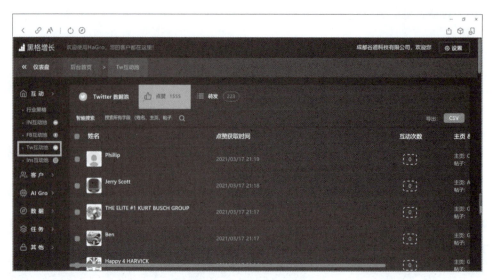

图 13-6　Twitter 数据池

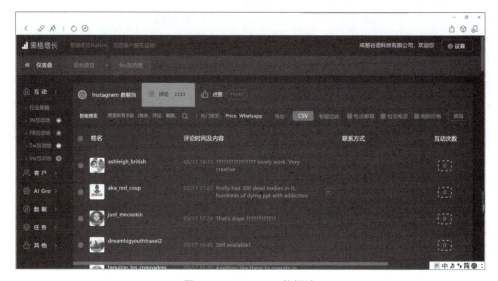

图 13-7　Instagram 数据池

2. 操作指南

参照 13.2.2 节中的操作指南。

13.3　客　　户

客户板块包含客户管理、企业管理、领英好友、IN 客户池、FB 客户池、Tw 客户池、Ins 客户池 7 部分。

12.3.1 客户管理

1. 简介

互动客户、在线询盘客户可直接加入 CRM（客户关系管理），具体包含客户管理（如客户社交关系图、时间线等）、公司管理、标签管理等功能。

2. 操作指南

客户管理界面如图 13-8 所示。

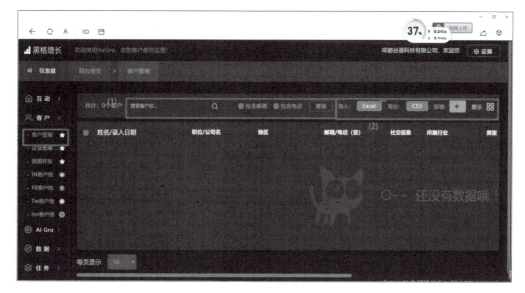

图 13-8　客户管理界面

（1）快速搜索客户信息，不用一点点翻找，节约时间，方便、快捷。
（2）客户信息的导入与导出，新添用户并且显示用户等。

13.3.2 企业管理

［即将上线］和关注企业互动过的企业详情，包含企业联系人、企业规模、地址、行业、领英员工等信息，如图 13-9 所示。

13.3.3 领英好友

1. 简介

已绑定领英账号的好友列表，支持所有好友消息群发功能（好友消息群发功能即将上线），如图 13-10 所示。

图 13-9　企业管理界面

图 13-10　领英好友界面

2. 操作指南

（1）好友列表：查看好友的名称、职位、所在地。

（2）获取好友：可以查找好友。

13.3.4　IN 客户池

1. 简介

来自 LinkedIn 互动数据的唯一客户列表，支持挖掘客户联系方式、加关注、加入

CRM、群加好友、群发消息等功能。

2. 操作指南

（1）查找用户：例如，输入 John，单击"查找"即可找到符合条件的客户，如图 13-11 所示。

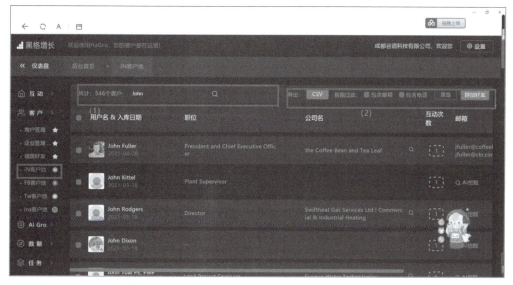

图 13-11　IN 客户池界面

（2）可以群发消息、群加好友，避免重复操作，几步搞定。

（3）单击"数据导出"。选择想要的数据（如每页 50 条数据），单击"数据导出"即可生成 Excel 表格数据，如图 13-12 所示。

图 13-12　数据导出

13.3.5 FB 客户池

1. 简介

来自 Facebook 互动数据的唯一客户列表,支持加关注、加入 CRM,Messenger 信息单发、群发等功能,如图 13-13 所示。

图 13-13　FB 客户池界面

2. 操作指南

(1) 显示客户总数,搜索客户。
(2) 生成数据表格,群发消息等。

12.3.6 Tw 客户池

1. 简介

来自 Twitter 互动数据的唯一客户列表,支持加关注、加入 CRM 等功能,如图 13-14 所示。

2. 操作指南

(1) 显示客户总数,查找客户。
(2) 数据导出及查询。

13.3.7 Ins 客户池

1. 简介

来自 Instagram 互动数据的唯一客户列表,支持加关注、加入 CRM 等功能,如

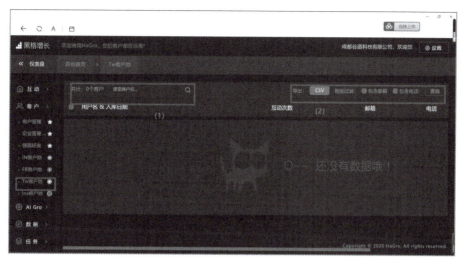

图 13-14　Tw 客户池界面

图 13-15 所示。

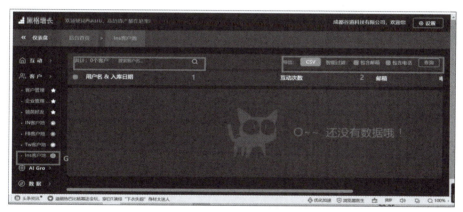

图 13-15　Ins 客户池界面

2. 操作指南

（1）查看用户总数并且查找用户。
（2）客户信息导出及查询。

13.4　AI Gro

13.4.1　AI 决策人

1. 简介

通过公司名、关键词、域名即可快速查找企业决策人信息！HaGro 包含全球 6700 多万企业及 4.3 亿企业决策人信息,共计邮箱数超 30 亿。

2. 操作指南

AI 决策人界面如图 13-16 所示。

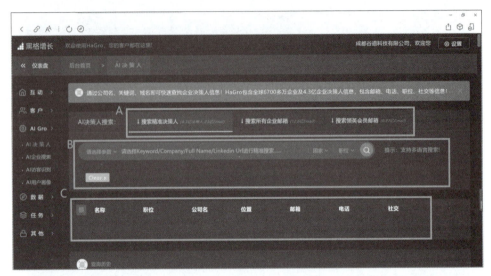

图 13-16　AI 决策人界面

(1) 选择搜索对象,如图 13-17 所示。

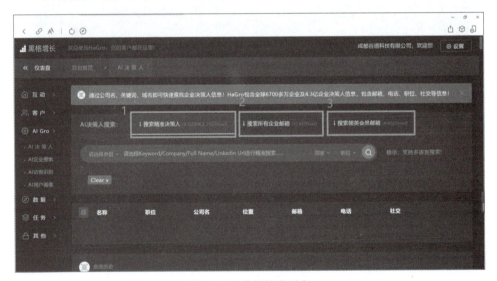

图 13-17　选择搜索对象

① 搜索精准决策人。
② 搜索所有企业邮箱。
③ 搜索领英会员邮箱。

（2）通过关键词搜索目标信息。

（3）搜索结果栏。

13.4.2　AI 企业搜索

1. 简介

全球企业智能搜索，并通过海关数据、搜索数据、采购商数据等一系列大数据，对企业信息进行综合查询分析。

2. 操作指南

搜索关键词查询需要的企业，如图 13-18 所示。

图 13-18　AI 企业搜索界面

13.4.3　AI 访客识别

1. 简介

通过对独立站访 IP、Cookie 等信息进行分析，识别出该访客来源的公司及联系方式。

2. 操作指南

AI 访问识别界面如图 13-19 所示。

13.4.4　AI 用户画像

1. 简介

通过 E-mail 查询用户公开信息，如常用 E-mail、电话、公司、地址、职位、职业经历等。

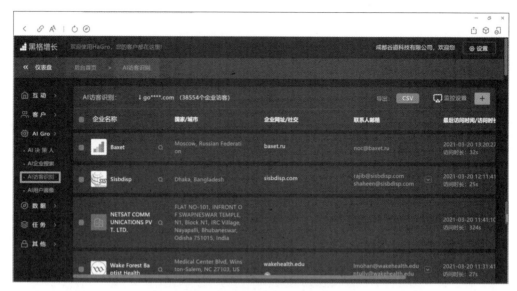

图 13-19　AI 访客识别界面

2. 操作指南

AI 用户画像界面如图 13-20 所示。

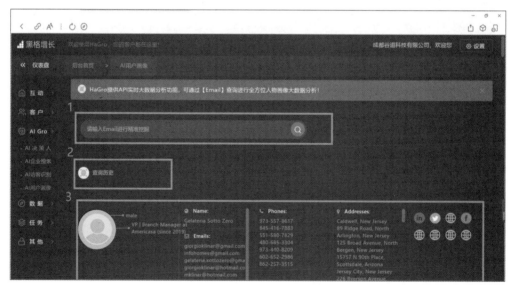

图 13-20　AI 用户画像界面

（1）搜索栏：搜索 E-mail 可以精准挖掘人物。
（2）查询历史：可以查到之前的关联历史数据。
（3）人物画像：整理并提供人物全方位的信息。

13.5 数 据

数据板块包含海关数据、搜索引擎、领英搜索、脸书主页、instagram 主页、谷歌地图、展会数据、Whatsapp，如图 13-21 所示。

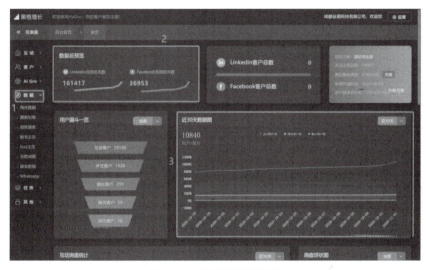

图 13-21 数据总览导航图

（1）首先进入数据首页，本页面为用户提供所需的各项数据。

（2）数据总预览展示用户在社交媒体 LinkedIn 和 Facebook 上的互动次数趋势图，总体反映了用户活跃度。

（3）近 30 天数据图更详细地展示了一个月内用户的单击量、潜在用户量等数据信息，单击不同日期将为用户展示当天的互动具体数据，如图 13-22 所示。

图 13-22 数据页面总览图

13.5.1 海关数据

1. 简介

向用户展示全球 200 多国、8.2 亿的海关数据、航运数据和过境数据,其中涵盖 1000 万国际采购商、800 万全球供应商,根据搜索关键词可快速获取企业决策人的联系方式。

2. 操作指南

海关数据页面总览图如图 13-23 所示。

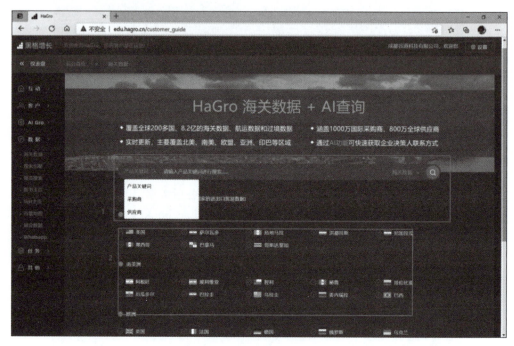

图 13-23　海关数据页面总览图

(1) 根据用户想要搜索的产品、供应商或采购商进行全球范围的分析。

(2) 选择不同的国家,确定搜索范围,精确数据定位,如图 13-24~图 13-26 所示。

(3) 以产品信息"珂拉琪"为例,输入关键词,单击"搜索"出现数据搜索的面板,按照页面提示依次输入产品编码、日期等信息,即可查询到相关产品的运输数据,单击界面右侧的"数据选择"可选择要搜索的国家。单击"高级搜索"可增加搜索词条,更精确地分析,提选出相关海关数据。(请用公司/品牌简称搜索,例如 Trans Pacific Shipping Inc,请搜索 Trans Pacific)

图 13-24　海关数据查询导图

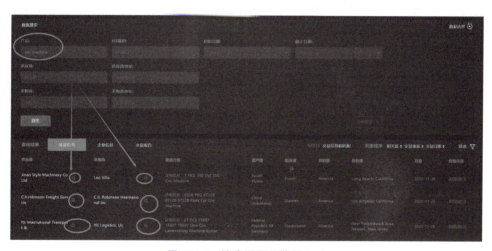

图 13-25　搜索页面总览图（一）

图 13-26　搜索页面总览图（二）

第 13 章　黑格增长

13.5.2 搜索引擎

1. 简介

爬虫 24 小时不断爬取全球搜索引擎收录的独立网站数据,其中包含 Google 338 个地区(含 109 种语言)、Yahoo、Bing、Yandex、Izito、Ezilon、Hotfrog 等 380 多个搜索引擎;还爬取了所有独立站的可见联系方式,例如:Email、Phone、社交等信息,您只需要通过[Keywords]搜索即可获取大量数据!

2. 操作指南

搜索引擎总览图如图 13-27 所示。

图 13-27 搜索引擎总览图

输入想搜索的关键词,勾取相关词条,单击"搜索"即可获取相关的联系方式、公司或网站名称等信息。

13.5.3 领英搜索

通过 Kinkedin API 发起动态搜索任务,获取会员信息,同时可群加好友,群发信息如图 13-28 所示。

以"贾如春"为例,输入关键词,选择国家,提交任务状态即可查看相关数据。

13.5.4 脸书主页

搜索各大公司、网站在 Facebook 上的所有主页详情,可详细查看粉丝数、联系方式

图 13-28　领英搜索总览图

等，如图 13-29 所示。

图 13-29　脸书主页总览图

13.5.5　Inst 主页

用户输入查询关键词，可查看 Instagram 的主页详情，同时可查看企业/品牌的官网及联系方式、粉丝数等信息，如图 13-30 所示。

13.5.6　谷歌地图

1. 简介

用户可查询在谷歌登记过的企业和商店信息，同时可获取联系方式。

图 13-30　Inst 主页总览图

2. 操作指南

谷歌地图操作如图 13-31 和图 13-32 所示。

图 13-31　谷歌地图操作指南图

（1）根据用户需求输入已登记的企业或商店，选择国家和注册城市，之后单击"提交动态任务"按钮。

（2）用户可单击"查看数据"，进入所查看企业的相关数据面板，其中显示了公司名称/公司类别、公司地址、公司网址和公司电话。

图 13-32 谷歌地图操作示意图

13.5.7 展会数据

展会数据页面用于查看全球展会采购商数据,主要涉及五金,文具,化工,建材等等,用户输入关键词单击查询即可获取展会采购商的相关数据,如图 13-33 所示。

图 13-33 展会数据总览图

13.5.8 Whatsapp

1. 简介

通过核心爬虫技术，用户输入关键词可搜索到全球公开的 Whatsapp 联系电话。

2. 操作指南

Whatsapp 总览图如图 13-34 所示。

图 13-34　Whatsapp 总览图

Whatsapp 操作如图 13-35 所示。

图 13-35　Whatsapp 操作

(1) 根据提示输入内容,单击"提交动态任务"。

(2) 以法国 flexible hose 为例,单击"查看数据",用户即可获取联系电话,同时可查看电话来源,实现在线沟通。

13.6 任　　务

任务栏目下设 5 个子栏目,分别是任务发布、动态获取(LinkedIn)、动态获取(Facebook)、领英群发、脸书群发、邮件群发。

在任务平台上,可获取你所在行业的潜在客户。在定位行业之后,借助 HaGro,抓取多种国外社交平台上潜在客户的基本信息,了解潜在客户的社交轨迹,获取其所在企业 KP 的联系方式。

HaGro 避免了烦琐的社媒获客流程,对采集的有效客户行为数据进行机器深度学习,绘制出 AI 用户画像,快捷、直观地展现潜在用户信息,方便企业精准锁定潜在客户,主动出击,将潜在客户转化为目标客户。

同时,还可以借助社交平台,多种方式联系并转化你的客户。通过 HaGro,潜在客户的基本信息、联系电话、邮箱地址、主流社交平台账号信息一览无余。企业在获取潜在客户的信息之后,深挖客户价值,做到精准营销。

在 HaGro 海量数据支撑下,企业可通过多种联系方式开发潜在客户,扩大获取信息的节点,增大社会关系扩散力度,产生更大的信息流,扩宽挖掘潜在客户的渠道,从而实现社交平台红利裂变式增长,如图 13-36 和图 13-37 所示。

图 13-36　客户数据管理

图 13-37　任务栏目界面

13.6.1　任务发布

1. 简介

任务发布包含动态数据获取、批量加好友、批量发消息、邮件批量发送等功能,提交任务功能以后,系统全自动后台运行,能在第一时间内有效地获取客户信息,进行分析与存档。

2. 操作指南

单击如图 13-38 所示的不同栏目,可从不同的平台获取客户数据、群发消息、批量添加好友、群发邮件等。

图 13-38　操作指南

13.6.2　动态获取(LinkedIn)

1. 简介

提交动态任务后,可查看互动数据。领英的全球用户超过 5 亿,2.6 亿的月活跃用户,40％活跃用户几乎天天登录;领英上拥有 6100 万高管,有 4000 多万高管在企业决策岗位;世界 500 强企业高管几乎都是领英会员,领英注册企业超过 3000 万家。

通过 LinkedIn 这一职场社交平台发布动态搜索，获取相关会员信息，及时掌握客户动态及需求，从而迅速做出反应，扩大潜在客户市场，更新数据。

2. 操作指南

单击对应的栏目，会获取相应的数据，如图 13-39 所示。

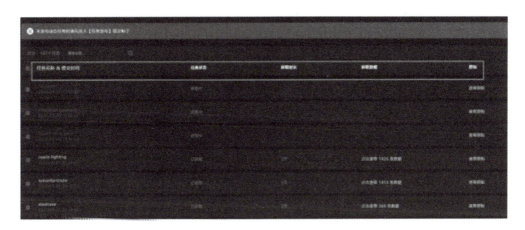

图 13-39 动态获取

13.6.3 动态获取（Facebook）

1. 简介

提交动态任务后，可查看互动数据。Facebook 月活跃用户超过 25 亿，平均每天有 16.6 亿人登录 Facebook，平均每天约有 22.6 亿人使用 Facebook、WhatsApp、Instagram 或 Messenger，超过 28.9 亿人每月平均至少使用一次 Facebook。

通过 Facebook 获取企业主页、联系方式、粉丝数等信息，较为灵活、全面地分析用户个人诉求，及时查看互动数据并作出判断，预测未来的发展方向。

与此同时，黑格增长平台对 Facebook 政策也有所更新。Facebook 将会把开户数额限制的流程扩展到其他没有 Facebook 直客团队对接的电商广告主。和每日投放金额限制操作相同，Facebook 将对广告主进行内部风险评估，最高风险的客户将会被禁止开新账户，直到现有账户表现良好为止，并会根据风险程度划分 $1500、$450、$350、$100 不等的限制金额（每日投放金额与广告投放效果成正比），而最低风险的客户将会没有每日投放金额和新开户数额限制。

2. 操作指南

动态获取栏目界面如图 13-40 所示。

单击相应栏目，可直接提交任务发布的帖子，及时了解到相关的客户动态数据。

图 13-40　动态获取栏目界面

13.6.4　领英群发

1. 简介

领英群发通过对行业内的领英会员进行消息群发,掌握每个群发任务的情况。通过消息群发,可实现自动化营销。众所周知,通过领英开发客户,只能进行一对一的消息发送,无法实现消息群发,而 HaGro【黑格增长】的【领英群发】功能为外贸企业创建了群发消息的接口,可帮助企业更好地实现自动化营销。

除此之外,HaGro【黑格增长】还提供了多种消息模板作为参考,外贸企业可以根据需求自定义模板,简单、方便、易操作,同时需要及时查看领英群发列表,掌握每个群发任务的发布情况。

2. 操作指南

领英群发操作指南页面如图 13-41 所示。

图 13-41　领英群发操作指南页面

13.6.5 脸书群发（即将上线）

通过脸书对用户进行消息群发。Facebook 发送消息主要通过 Facebook Messenger 实现，其实，对于 Facebook 好友的群发，是所有发送方法中最没有限制的，几乎可以无限制地群发消息。工具可以实现自动挖掘好友、自动添加好友、自动给好友发消息，达到营销自动化的服务，适合跨境电子商务、开拓海外市场的企业。

13.6.6 邮件群发（即将上线）

1. 简介

邮件群发是一种传统的营销推广手段，主要通过软件或者服务器向客户发送相应的邮件进行营销和客户关系维护。

2. 操作指南

待上线之后进行操作。

13.7 其 他

其他栏目下设 4 个栏目，分别是账户设置、领英绑定、消息模板、权限设置，主要对客户信息进行实时更新、社会化服务和管理，注重用户隐私保护，专注个性化，如图 13-42 所示。

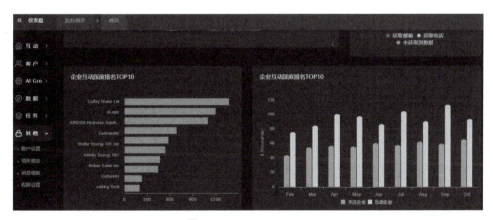

图 13-42 其他栏目页面

13.7.1 账户设置

1. 简介

该栏目的主要功能是对用户账号进行管理，如新增账号、删除无用账号等，及时保证账户的有效性与实时性。

2. 操作指南

单击"账户设置"进入官方页面,对账户进行信息查看、账户管理即可。

13.7.2 领英绑定

1. 简介

授权登录领英账号,实现领英账号与该平台同时绑定,后台能够在黑格增长账户里直接导入领英账户里的好友列表并进行更新,在避免好友客户流失的同时,加强了与好友的紧密联系,方便了工作上的交流与协作,还扩大了黑格增长的潜在用户。需要注意的是,一个黑格增长账户只能绑定 3 个领英账户,绑定后系统会自动获取领英好友,并将其导入【客户管理】的好友运行,减少对好友流失的担忧。

2. 操作指南

领英绑定页面如图 13-43 所示。

图 13-43　领英绑定页面

13.7.3 消息模板

1. 简介

该栏目提供了多种消息模板,主要为群发消息而服务,提高了社交效率。

2. 操作指南

消息模板栏目页面如图 13-44 所示。

图 13-44　消息模板栏目页面

13.7.4 权限设置

1. 简介

对当前账户或子账户进行权限设置,能够有效保护个人隐私,同时可提高数据信息的安全性。

进入该栏目后台运营首页,可对子账户进行权限设置管理。

2. 操作指南

权限设置栏目页面如图 13-45 所示。

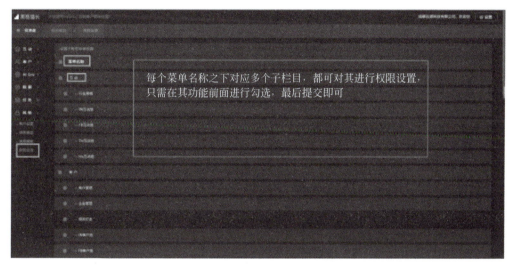

图 13-45　权限设置栏目页面

参 考 文 献

[1] 马述忠,潘钢健.从跨境电子商务到全球数字贸易——新冠肺炎疫情全球大流行下的再审视[J].湖北大学学报(哲学社会科学版),2020(5):119-132.

[2] 赵颖婷,蔡翔.跨境电子商务海外仓模式的探索[J].现代交际,2020(13):240-241.

[3] 赵华伟.社交跨境电子商务平台质量研究——与传统跨境进口电商对比[J].郑州航空工业管理学院学报,2020(3):93-99.

[4] 何瑛.外向型企业B2C跨境电子商务出口平台的对比和选择分析[J].商场现代化,2017(24):28-30.

[5] 张鹤.突破瓶颈走进跨境电子商务新时代——跨境电子商务现状与趋势综述[J].财讯,2016(6):69-73.

[6] 吕宏晶.跨境电子商务出口业务运营中容易出现的问题及解决策略[J].电子商务,2017(8):23-24.

[7] 叶贝,胡金淼,宗心泉."一带一路"背景下跨境电子商务优化发展的路径研究[J].环球市场,2019(7):96,116.

[8] 陈炜铭.中小型跨境B2C电商企业运营策略探析——以福建地区为例[J].广西民族师范学院学报,2020,37(4):54-57.

[9] 佚名.2021亚马逊PRIMEDAY爆单全攻略[J].亚马逊老板周刊,2021:016-039.

[10] 白东蕊.电子商务概论[M].北京:人民邮电出版社,2019.

[11] 刘洋.亚马逊中国跨境物流与供应链问题研究[D].北京理工大学,2017:000271.

[12] 庞启亮.亚马逊跨境电子商务中国卖家满意度现状及提升策略研究[D].电子科技大学,2020:004739.

[13] 屈语涵.疫情之下基于国际供应链视角的物流成本研究——以亚马逊物流为例[J].中国储运,2021(02):115-117.

[14] 陶婷婷.浅析国际贸易中的售后服务[J].现代营销(下旬刊),2020(12):102-103.

[15] 王丽萍.跨境电子商务亚马逊平台实操课程多渠道教学方式的探索与构建[J].学园,2021,14(22):23-25.

[16] 徐慧婷,陈志铁,李鸿冠."亚马逊"平台店铺运营的主要环节及操作方法分析[J].企业科技与发展,2021(08):156-158.

[17] 叶鹏飞.亚马逊跨境电子商务数据化运营指南[M].北京:中国铁道出版社,2020.

[18] 郑志辉.亚马逊物流促销研究[J].中国市场,2014(06):25-26.